Ma vie en un demi-siècle

Adelaïde Dide

Ma vie en un demi-siècle

LE LYS BLEU
ÉDITIONS

ISBN : 979-10-422-2741-8

Subitement, je dis :

— S'il vous plaît, Valentine, j'aimerais vous parler ; soit à vous, soit à Christine.

— Vous voulez me parler de quoi, Adélaïde ?

— De moi, de qui je suis vraiment.

— Je verrai et je vous dirai.

Comme ce que je voulais dire ne relevait pas du travail, le lendemain je dis à Valentine :

— Je n'aimerais pas vous parler pendant mon temps de travail.

— Je verrai avec Christine et je vous tiendrai au courant.

Valentine et Christine sont les responsables des caisses de l'hypermarché Leclerc dans lequel je travaille actuellement en tant qu'hôtesse de caisse. Si l'idée de leur parler m'est spontanément arrivée dans la tête, c'est parce que le comportement de certains de mes collègues de travail a changé à mon égard, en particulier celui d'Annie. Annie était plus qu'une collègue. Pour moi, c'était une amie qui m'avait beaucoup aidée et soutenue quand j'en avais eu besoin.

Depuis une dizaine d'années, j'ai des sensations bizarres dans mon corps. Elles me fatiguent et me dérangent beaucoup.

Je finissais ma journée à 21 h 15 et à cette heure il n'y a plus de bus pour me ramener. Je devais marcher environ 40 min pour aller à la maison. Alors c'était Annie qui me ramenait. Même si elle finissait une heure avant moi, elle m'attendait pour me ramener. Cela me touchait beaucoup. Et pour lui faire plaisir, je lui ai demandé ce qu'elle aimerait que je lui ramène du Bénin parce que j'avais prévu partir en vacances en fin d'année.

— J'aime beaucoup les tenues africaines, répondit-elle.

Alors je lui fis la promesse de lui en rapporter.

Pour confectionner les tenues à sa taille, je lui avais demandé de me donner un de ses tee-shirts pour que le couturier puisse avoir une référence de taille. On s'était convenu qu'à mon retour en France, elle viendrait à la maison avec son compagnon pour manger un plat béninois.

Quand je suis rentrée en France le 31 janvier 2022, je n'ai pas pu reprendre le travail à cause des soucis de santé. J'ai été admise directement aux urgences et hospitalisée.

Annie et moi nous envoyions des messages et elle me disait qu'elle passerait à la maison une fois que je serais rentrée. Je suis sortie de l'hôpital le 22 février 2022 et le 10 mars je devais commencer des séances de chimiothérapie.

Après la première séance de chimiothérapie, Annie ne répondait plus à mes messages. Le 19 mars, je lui envoyais un message dont le contenu était ceci :

— Bonjour, Annie, j'espère que tu vas bien et tes parents aussi. Je suis quand même étonnée que tu ne sois pas encore venue me voir. Donne-moi de tes nouvelles.

Enfin, une réponse arriva :

— Je suis très fatiguée, je fais plein d'heures supplémentaires, pour l'instant, pas possible, là je sors du boulot et je rentre dormir.

Ce n'est pas Annie que j'ai connue. Sa réponse m'avait beaucoup intriguée. Le 22 mars 2022, mon fils m'a emmenée pour faire des courses et j'ai profité pour donner quelques cadeaux à certains de mes collègues. Annie n'était pas là ; elle avait déjà fini son travail. Alors le samedi 23 mars je lui laissais ce message : « Bonjour Annie, je suis passée à Leclerc hier remettre des cadeaux à qui de droit et tu avais déjà fini de travailler. J'espère que tu vas bien et ta famille aussi. Tu peux venir récupérer tes tenues. »

Le lundi 30 mars, elle m'a répondu : « Bonsoir, je voulais juste te dire que je n'ai pas apprécié le ton autoritaire de tes messages ainsi que le fait que tu aies appelé la caisse centrale pour dire que je n'avais pas répondu à tes messages. Je ne vais pas venir chez toi. J'ai comme tout le monde, mes propres soucis ; qu'ils soient financiers ou familiaux. Je pense qu'il est mieux qu'on s'arrête là. On peut être de bonnes collègues, mais pas plus. Il t'appartient de trouver l'énergie en toi-même pour retrouver le moral et être positive même dans les plus graves circonstances. »

Je n'ai jamais été autoritaire comme elle le prétendait. Si j'ai appelé la caisse centrale, c'était parce que je m'inquiétais pour elle. Je me disais qu'elle était peut-être malade ou quelque chose était arrivé à sa mère parce que cette dernière avait des soucis de santé. C'était juste par amour pour elle que j'ai appelé la caisse centrale pour avoir de ses nouvelles.

Après son dernier message, j'étais triste, très triste. J'ai voulu comprendre son attitude, mais elle n'a pas voulu s'expliquer. Alors le 14 juillet 2022 je lui ai envoyé un message : « Bonjour Annie, un petit coucou pour avoir de tes nouvelles. J'espère que tu vas bien et tes parents aussi. J'ai été opérée une troisième fois le 11 juin et hospitalisée pendant un mois. Tu peux passer à la maison récupérer tes jolies tenues que tu as tant méritées. Il fait beau, tu pourras les porter. » Mais je n'ai eu aucune réponse.

Le 4 octobre 2022 quand j'ai repris le travail je lui ai ramené les tenues et je lui ai dit :

— Annie, si j'ai pu terminer l'année 2021 pour avoir la totalité de mon treizième mois, c'est grâce à toi. J'ai pu faire plaisir à ma famille. Alors les tenues que j'ai confectionnées pour toi tu les as mérités. Je te prie de les prendre.

Puis j'ajoutais :

— Si tu les mets et que c'est grand ou petit pour toi, la dame qui me fait mes retouches peut les mettre à ta taille. Elle ne me prendra pas beaucoup d'argent.

— D'accord, répondit-elle.

Elle a pris le sac que je lui ai tendu et ne m'a pas remerciée.

À partir de là, quand on avait l'occasion de se croiser, je lui demandais si elle avait bien essayé les tenues et si elles lui allaient. Elle me répondait :

— Non, je n'ai pas le temps.

Deux mois après, je lançais :

— Annie, j'ai l'impression que tu ne veux pas les porter. Si c'est le cas, alors rapporte-les, elles feront le bonheur de quelqu'un d'autre.

— Ça marche, m'a-t-elle répondu.

Sept jours après, elle m'a restitué le sac tel que je lui avais remis. Elle n'avait même pas pris le temps de regarder ce qu'il y avait à l'intérieur.

Ce changement de comportement m'a fait beaucoup réfléchir et m'a amené à me poser des questions.

J'ai finalement vu qu'Annie portait le même nom de famille que Monique, la responsable de caisse d'un magasin Super U où j'avais travaillé précédemment. Est-ce que c'est Monique qui m'aurait encore sali auprès d'Annie ? Quand j'ai demandé à Annie si elle connaissait Monique, elle m'a répondu négativement. Mais la façon dont elle m'a répondu ne laissa pourtant aucun doute.

À vrai dire, le comportement d'Annie me faisait trop de peine.

En plus de son comportement, en faisant attention à tout ce qui se passe autour de moi, j'ai remarqué que certains des clients qui passent en caisses font les mêmes gestes : lors du paiement, ils se grattent le devant du nez avec l'index droit ; ils essuient des larmes alors qu'ils ne pleurent pas ; ils grattent derrière leur oreille ; il y en a qui toussent avant de taper leur code de carte ; certains reniflent ; d'autres font des gestes sur le plan de la caisse ou sur le chariot quand je parle ou quand je croise leur regard ; certains reniflent en posant leurs articles sur le tapis. Les personnes qui me croisent dans le bus ou sur la route commencent subitement à tousser. Quand je passais à côté ou devant certaines personnes, elles soulèvent légèrement la plante des pieds et la reposent. Il y en a qui commencent à secouer leurs jambes. Beaucoup de gens me disent « bonjour » ou cherchent à me parler. Quand je réponds, aussitôt ils mettent les doigts sur leur nez ou commencent à le gratter. J'ai l'impression qu'il y a une marque sur moi qui fait que les gens me reconnaissent. Je vois des personnes emboîter mes pas et commencer aussitôt à fumer leur cigarette : j'ai la sensation que les cendres de leurs cigarettes tombent sur mon corps.

Certaines personnes m'attendent en bas de l'immeuble où j'habite ou aux alentours de mon travail en tenant une bouteille d'eau à la main et quand je passe devant eux ou à côté d'eux, ils commencent à boire. Un jour, un homme tenant un sac poubelle noir dans la main, rempli de je ne sais quoi, courrait à ma rencontre ; aussitôt qu'il m'a dépassé, il a arrêté de courir et a commencé à marcher normalement. Quand je passe en caisse certains articles comme la charcuterie, du fromage, du pain, de l'alcool, du sopalin ou du papier toilette, certains clients mettent un pied en avant. Si je prends un autre article de ce genre, ils remettent l'autre pied en avant… ainsi de suite. Un jour quand j'ai pris la boîte d'œufs d'un client dont je suis en train de passer les articles pour le scanner, le monsieur derrière a aussitôt mis son index de la main droite dans son cul. Certains frottent le bas de leurs lèvres quand ils me remettent quelque chose dans la main. Certains parents vont jusqu'à demander à leurs enfants de faire des gestes comme s'essuyer le visage, gratter dans l'oreille et derrière l'oreille lorsqu'ils passent en caisse et même tousser quand ils paient. En voyant tout cela, je me demande : « Suis-je la plus mauvaise sur cette terre pour que tout ce monde me rejette et se retourne contre moi ? »

Le plus dur c'est quand je passe sous un pont : j'entends un bruit comme si on tape le marteau dans le béton ; et la nuit j'ai la sensation que tout le sable qui a servi à réaliser le pont tombe sur moi.

Je me réserve de raconter ce qui se passe autour de mon appartement quand je suis à la maison.

Peut-être que ces gestes et ses comportements n'ont rien à voir avec ce que je ressens dans mon corps. Mais c'est rare que je me trompe.

Si mon imagination me trompe alors je présente toutes mes excuses à toutes les personnes qui me disent « bonjour » et à qui je ne réponds pas ; qui me parlent et à qui je ne réponds pas non plus, surtout à mes collègues de travail de peur qu'ils m'envoient des saletés dans mon corps.

Mais si mon sixième sens a raison, et que tous ces gestes ont un rapport avec ce que je ressens dans mon corps, j'aimerais dire à tout ce monde, qui se rebelle contre moi qu'il y a un Dieu pour les innocents et les faibles. Son nom est : l'Éternel, le Dieu d'Abraham, d'Isaac et de Jacob, nos ancêtres.

Après une longue réflexion, je me suis dit que si nos responsables de caisse écoutaient tous ceux qui avaient des problèmes elles devraient avoir une grosse tête.

Valentine n'a plus donné suite à ma demande.

En réfléchissant à ce qui m'avait poussé à demander subitement à parler à Valentine, j'ai alors compris que l'Éternel veut que je raconte au monde entier ma souffrance, mon combat… et surtout témoigner des grâces qu'il m'a accordées jusqu'à ce jour.

Nos grands-parents nous ont raconté que notre papa était un don de Dieu.

Mes grands-parents étaient originaires de Hozin, un petit village dans le département de l'Ouémé au Bénin.

Les parents de mes grands-parents ne connaissaient pas Jésus, ils adoraient le vodoun. Le vodoun est une divinité terrestre. Il est représenté soit en terre cuite soit en bois. Il y a le vodoun qui fait du bien et le vodoun qui fait du mal.

Mais je n'avais pas eu l'idée de demander à mes grands-parents celui que leurs parents adoraient. Ce qui m'intéressait à l'époque, c'était leur propre vie à eux.

Après leur union, mes grands-parents ont perdu cinq nourrissons, tous décédés l'un après l'autre. Quand mon papa est né, très tôt, il a été malade. Mes grands-parents ont immédiatement pensé qu'il allait mourir lui aussi. Ils l'avaient emmené à l'hôpital dans la ville de Porto-Novo, situé aussi dans le département de l'Ouémé. Une fois à l'hôpital, le médecin a ordonné que l'enfant ne prenne ni le lait maternel ni son biberon. Il devait se nourrir uniquement par perfusion.

Ma grand-mère fut obligée de tirer le lait maternel et de le jeter à chaque fois. Mon papa était donc resté sept jours sous perfusion. Il pleurait de faim. C'était très dur pour ma grand-mère. Mais le huitième jour, il prit le biberon et le lait maternel.

À l'hôpital, nos grands-parents avaient entendu parler de Jésus. À leur sortie, ils ont décidé d'aller à la rencontre de ce merveilleux Jésus. C'est ainsi qu'ils ont quitté leur village, Hozin, et leurs parents pour s'installer à Cotonou, la capitale économique du Bénin, située dans le département du littoral.

Au début, ils étaient hébergés par une connaissance et ami.

Quelques mois plus tard, mon grand-père fut embauché par le port de Cotonou. Mon papa recouvrit totalement la santé.

Dans leur quête de Jésus, mes grands-parents s'associèrent à d'autres personnes de bonnes volontés pour construire une petite église où les gens venaient écouter la parole sainte.

Ils eurent ensuite deux filles et un autre garçon. Jusqu'à leurs morts, ils restèrent unis, ce qui était très rare à l'époque au Bénin. La polygamie battait son plein.

Mes grands-parents maternels connaissaient déjà Jésus. Ils habitaient dans un petit village appelé Gomé, dans le département des Collines. Ils étaient catholiques et très pratiquants. Ils s'aimaient beaucoup. Ils ont eu ma mère et un autre garçon qui s'appelait Edouard. Ma grand-mère n'arrivait plus à concevoir.

Arrivé au CM2, Edouard mourut brusquement. La famille de mon grand-père le poussa à prendre une autre femme afin de concevoir d'autres enfants. La raison était bien fondée parce que la famille ne vivait que de l'agriculture, et pour cultiver les champs il fallait bien des bras valides. Malgré sa bonne volonté de rester fidèle à ma grand-mère, mon grand-père fut obligé de faire des enfants avec une autre femme. De celle-ci, il eut trois filles et deux garçons.

Juste après le CEP (Certificat d'Études Primaires), maman tomba malade. Elle ne pouvait plus continuer ses études. Quelques années plus tard, elle a reçu la vocation et voulait devenir religieuse.

Papa, devenu instituteur, était venu enseigner dans le village Gomé. Quand ils se sont rencontrés, c'était le coup de foudre, mais leur union à l'époque était impossible parce que papa était protestant méthodiste. À l'époque, l'union entre catholique et protestant n'était pas approuvée. Leur amour était plus fort. Ils se sont quand même mis en couple.

Papa a été affecté dans un autre village et est devenu directeur d'école. Il emmena maman avec lui malgré la réserve que mes grands-parents avaient pour leur union. Mais à la grande surprise de maman, papa avait une femme à qui il avait fait deux enfants. Maman a donné naissance à une fille, appelée Lynn. Il avait dit à maman que cette femme lui avait été imposée par ses parents et qu'ils ne sont plus en bons termes. Mais ils vivaient quand même dans la même concession.

Dans la maison voisine de leur concession habitait une famille dont la mère était enceinte et à terme. Un jour, papa entendit les gémissements de la femme. S'étant précipité pour aller dans la maison, il a constaté que la femme était sur le point d'accoucher. Le père de famille était insensible à la douleur que ressentait sa femme, alors papa décida d'emmener la femme à l'hôpital avec sa propre voiture. La femme accoucha d'un garçon. Quelques semaines plus tard, les trois enfants de papa furent mordus par un chien. Ils tombèrent tous malades.

Un sage du village fit une révélation à papa, lui disant que son assistance portée à la femme enceinte avait déclenché le courroux des sorciers et qu'en guise de représailles ils auraient décidé de lui prendre ses trois enfants ; pour eux, ils ont amené leur nourriture à la bouche et papa leur a arraché leur nourriture.

Ainsi, en pensant faire du bien, papa s'est retrouvé face au monde de la sorcellerie.

Ce n'est qu'au moment où Lynn commença à aboyer comme un chien que papa se rendit compte que le chien avait la rage.

À l'époque, le vaccin antirabique n'était pas disponible dans les hôpitaux, il fallait en commander et le temps qu'il vienne au Bénin, Lynn décéda ainsi que l'aîné de la première femme de papa. Le troisième enfant a été secouru de justesse. En l'espace de quinze jours, papa perdit deux enfants. Ce fut un coup très dur pour lui et cela lui a fait perdre l'envie d'enseigner. Voyant sa souffrance, et pour l'aider à oublier ce drame, le gouvernement l'affecta au Ministère de l'Éducation dans la capitale administrative où il s'occupa des dossiers des boursiers.

Tellement affecté par la mort de ses enfants, papa quitta le village pour s'installer dans la ville de Cotonou.

Maman donna naissance à Alfred, puis deux années après aux jumeaux Maxime et Marcel.

Après la naissance des jumeaux, papa réussit un concours pour faire un stage de deux ans en France. Maman, avec l'accord de papa, débuta des cours de dactylographie. Et quand elle sortait pour aller à ses cours, la première femme envoyait des courriers à papa pour lui dire qu'elle le trompait. Maman nous a raconté qu'une nuit, alors qu'elle dormait, un homme s'est introduit dans sa chambre alors que les portes étaient fermées et a voulu la violer. Cet homme était le cousin de la première femme de papa.

Maman, avec le peu d'économie qu'elle avait, envoyait des produits alimentaires que papa aimait manger par fret aérien espérant que cela lui ferait plaisir. Mais quand elle recevait les rares courriers de papa, il ne la remerciait pas ; il lui disait que tout ce qu'il voulait c'est sa fidélité à leur amour. Et maman lui répondait qu'elle ne le trahirait jamais, ne sachant pas que la première femme racontait des mensonges à son égard.

Quand papa est revenu au Bénin, il commença à maltraiter maman en la traitant de femme adultère. Au fil des années, vu que papa méprisait davantage maman, nos grands-parents décidèrent d'emmener les deux femmes au village pour clarifier la situation. Les deux femmes devaient alors se présenter devant la cour des sages de la famille. Les sages de la famille ont choisi le jour où les femmes devaient se présenter et ce jour coïncidait avec celui où maman devait avoir ces règles. En réalité, c'est une tradition que nos ancêtres ont instaurée pour dissuader les femmes de commettre l'adultère. Cette tradition existe depuis des siècles. Mais dans la tradition, la femme en règle ne devait pas s'approcher des lieux de la cérémonie. En parlant de son inquiétude à sa belle-mère, cette dernière dit à ma mère : « Ma fille, je sais que tu es innocente de tout ce que les gens racontent sur toi, si tu parles du jour de tes règles, ils penseront que tu as vraiment commis l'adultère et que tu cherches des raisons pour ne pas aller devant les sages. Ne dis rien et laisse la gloire de l'Éternel se manifester dans ta vie. » Maman était très inquiète et triste, car elle disait, depuis le retour des couches après la naissance des jumeaux, qu'elle n'avait jamais eu de retard ni d'avance dans ses règles et qu'elle se levait du lit à la date exacte le matin avec ses règles.

Le jour arriva, maman se leva le matin, mais n'avait pas ses règles jusque dans l'après-midi où elle s'est présentée devant les sages de la famille. La cérémonie consiste à garder un petit pot d'argile dans la main, dans lequel il y a un peu d'eau. Si tu es fautive, le pot va peser dans tes mains à tel point que tu ne puisses supporter le poids. C'est exactement ce qui arriva à la première femme et elle a cité trois hommes avec qui elle a couché. Quand maman a pris le pot, à son tour, il ne pesait pas et ne donnait pas non plus le signe qu'elle était innocente. Alors les sages lui ont demandé de dire la vérité. Elle a soutenu qu'elle n'a rien fait et qu'elle n'a rien à dire. Elle s'est subitement souvenue de ce qui s'était passé avec le cousin de la première femme. Et l'un des sages a mis une brindille de balai dans la main de cette dernière en lui ordonnant de délivrer maman des divinités auprès desquelles elle l'avait enfermée et en mettant à chaque fois la brindille dans le pot et en la sortant à chaque fois qu'elle cita le nom de la divinité. À chaque fois qu'elle mettait la brindille dans le pot, elle dit : « à tel endroit où je t'ai enfermé, je t'enlève. » Quand elle cita le nom de la dernière divinité dans laquelle elle avait enfermé maman, l'eau s'est mise à bouillir dans le pot et maman a été projetée au sol et aussitôt ses règles se sont manifestées. Toutes les personnes présentes ont alors applaudi et l'on appelée : « Gnignongbé », ce qui veut dire « Femme fidèle et honnête. » C'est ainsi qu'en plus de l'estime et de l'affection de ses beaux-parents, maman a gagné l'estime de tous les membres de sa belle-famille.

Après cette cérémonie, les sages proposèrent à papa de faire une ablution à la première femme, mais elle ne voulut pas la faire. Après avoir eu son cinquième garçon, elle quitta papa.

À la naissance de ma petite sœur Géraldine, papa ne voulant plus d'enfant fit poser un stérilet à maman. Tout allait bien entre papa et maman, puis un jour une famille a proposé de lui offrir une fille qui a quasiment l'âge de son aîné, afin de mettre fin à une rivalité familiale.

À l'époque, mes grands-parents ne voulaient pas de cette fille, pour eux c'était un cadeau empoisonné, car les parents de la fille n'étaient pas des chrétiens et n'étaient pas prêts à accepter Jésus dans leur vie. Malgré leur opposition, papa a pris la fille. Elle s'appelle Judith. Après la naissance du premier garçon de Judith et malgré la présence du stérilet, maman tomba enceinte et donna naissance à mon petit frère Jérémie. Chose étrange : Jérémie était sorti du ventre de maman avec le stérilet à la main.

Pour mes grands-parents, c'était le signe que l'Éternel n'avait pas approuvé la décision de papa de ne plus faire d'enfant à maman alors qu'il commençait à en faire avec une autre.

Finalement, ma mère eut sept enfants dont Lynn qui nous a quittés : Alfred l'aîné, Maxime et Marcel les jumeaux, moi-même, ma petite sœur Géraldine et mon petit frère Jérémie.

Maman fut embauchée à la cantine dans le lycée où papa travaillait, et tous les mois elle mettait son salaire sur un compte sur lequel papa avait procuration. Pendant trois ans, elle ne toucha pas à son salaire. Un jour, elle eut l'opportunité d'être embauchée dans une librairie en tant que caissière. Pour exercer ce métier, elle avait besoin de se confectionner des tenus. Elle s'est rendue à la banque pour retirer un peu d'argent et il n'y avait plus rien. Papa avait vidé le compte. Mon grand-père n'était pas content de ce qu'il avait. Mais il se justifia en disant qu'il avait pris l'argent pour acheter la maison de Sikèkodji qu'il avait mis en location à l'époque.

Arrivé en classe de seconde, mon grand frère Alfred quitta subitement la maison sans donner de nouvelles. Il disparut durant plusieurs années sans donner signe de vie. Les recherches effectuées à l'époque n'avaient rien donné. Cela faisait de la peine à maman. Elle priait beaucoup pour son retour. Mais pour papa, Alfred serait déjà mort quelque part et il a arrêté les recherches. Maman était sûre d'une chose et l'affirmait : « L'Éternel ne peut jamais me prendre mon fils de cette manière. Mon fils est quelque part et va réapparaître un jour. »

Quand Judith eut son quatrième enfant, elle l'abandonna pour aller vivre avec un autre homme. Il commençait à peine à marcher. C'est maman qui s'est occupée de Joseph. Elle lui donnait tout l'amour maternel qu'il avait besoin.

Papa fut de nouveau affecté dans le département de l'Ouémé, à Porto-Novo, la capitale administrative du Bénin. Il s'y était installé avec maman, mais mes grands-parents étaient restés à Cotonou. Il travaillait à l'École Normale Supérieur. Ce qui captivait mon attention, c'était l'amour que maman donnait à tout le monde. Maman est une femme extraordinaire, prête à rendre service à tout le monde autour d'elle. Ce n'est pas parce qu'elle est ma mère que je lui jette des fleurs. Elle n'avait pas beaucoup d'argent, mais elle était généreuse. Elle donnait beaucoup d'amour aux autres. Elle avait aussi l'estime des personnes qu'elle côtoyait.

Dr Amlon, qui était membre du gouvernement à l'époque, appela un jour maman et lui dit :

— Je veux te mettre à l'honneur, je veux te nommer première femme responsable d'une grande association de femmes du département de l'Ouémé. Tu auras une secrétaire particulière et une voiture sera mise à ta disposition pour tous tes déplacements.

Mais maman lui répondit :

— Mon mari est lésé, ça fait plusieurs années qu'il est à l'École Normale Supérieure et qu'il est dans un tout petit bureau. Je ne peux pas accepter cet honneur ; je préfère que vous trouviez un poste digne et bien pour mon mari.

Quelques mois après, papa a été nommé juge populaire à la Cour Suprême de Cotonou. Une voiture a été mise à sa disposition. Il quittait Porto-Novo pour aller travailler à Cotonou tous les matins. Sa situation financière s'était complètement améliorée.

Juste après sa nomination, Judith, qui l'avait quitté, manifesta le désir de revenir auprès de ses enfants. Sans rien dire à maman, papa demanda aux sages de la famille de procéder à la cérémonie d'ablution et a installé Judith dans la maison de Sikèkodji. Un matin, papa m'a dit d'apprêter les affaires de Joseph qu'il devait l'emmener chez sa mère. Maman était au boulot ce jour-là, et quand elle fut rentrée elle était triste, car étant très attachée à Joseph. Je fus choqué par le comportement de papa après tout ce que maman a sacrifié pour Joseph.

À son retour, Judith a encore eu deux autres enfants.

Au total, papa a eu dix-huit enfants, dont cinq filles.

La plupart de nous sommes restés avec maman. Elle ne faisait aucune différence entre ses propres enfants et ceux des autres femmes. Tout ce qu'elle voulait c'était la réussite de nous tous.

Mes grands-parents paternels s'investissaient beaucoup dans la religion. Avec l'aide de leurs amis, ils construisent une petite église pour faire le culte du dimanche. Ils appelèrent l'église « Jéricho ». Plus les années passaient, plus ils voyaient leur fils maltraiter maman. Ils n'étaient pas contents, mais ne pouvaient pas grand-chose. Un jour, mon grand-père appela maman et lui dit : « je vois tous les malheurs que mon fils te fait subir et ta souffrance, mais ne t'en fais pas, il peut avoir une dizaine de femmes, tu seras toujours la seule pour lui. » Il pria beaucoup pour maman puis quelques jours après il décéda.

Chose étrange, le pendule de l'horloge de notre salon cessa de fonctionner au même moment où mon grand-père rendit son dernier souffle. Toute tentative de le remettre en marche a échoué. Lors des funérailles de mon grand-père, mon frère, Alfred, qui avait disparu depuis 10 ans, réapparut subitement à la maison. Les sages de la maison ont dit que c'est l'esprit de notre grand-père qui l'a ramené. Il nous raconta : « J'ai eu envie de partir spontanément. J'ai pris une couverture sans savoir où aller. J'ai erré sur le parc automobile à Cotonou, finalement j'ai pris un bus qui allait à Lomé (la capitale du Togo). Je suis resté quelques semaines à Lomé puis j'ai trouvé un autre bus en direction de la Cote d'Ivoire que j'ai pris. Arrivé à la frontière ivoirienne, j'ai découvert un grand domaine de champ. Je me suis alors rapproché et j'ai trouvé un Monsieur qui m'a embauché pour travailler dans le champ. Je suis resté plusieurs années à travailler dans les champs. Je me suis fait assez d'économies. J'ai pu acheter un taxi, un deuxième, puis un troisième. Il y a deux semaines, j'ai eu l'idée subitement de revoir ma famille. »

C'était la fête à la maison. Papa était content de le voir. Il est resté trois semaines et il est reparti en prenant soin de nous laisser son adresse en Côte d'Ivoire. Quand il est reparti en Côte d'Ivoire, on a eu de ses nouvelles pendant quelques mois et après plus de nouvelles.

Quelques années après la mort de mon grand-père, ma grand-mère appela maman dans sa chambre et lui dit : « Cette année, je vais rejoindre mon mari. » Maman s'est mise à pleurer et lui dit : « Si tu n'es pas là, je vais souffrir davantage, ton fils va même me quitter. J'ai peur pour mes enfants. »

Voyant la tristesse de maman, ma grand-mère lui ordonna de s'agenouiller, lui imposa les mains sur la tête et puis pria pour elle. Maman nous a dit que toutes les bénédictions qui étaient sorties de la bouche de ma grand-mère se sont réalisées. Je dirais même que ces bénédictions continuent de descendre sur nous et sur notre progéniture.

Comme elle l'avait prédit, cette année-là, grand-maman nous a quittés.

Nous n'avions pas de loisirs, nous n'avions jamais fêté d'anniversaire. Le père Noël n'est jamais venu nous visiter. Les fins du mois étaient difficiles, mais on était heureux parce qu'on savait qu'il y avait pire autour de nous : l'enfant de notre voisine venait tous les jours à l'heure du déjeuner pour manger avec nous, parce qu'il n'avait pas à manger chez lui. Cela nous énervait tous, mais maman nous intima l'ordre de le laisser manger avec nous.

Papa nous a donné une éducation stricte et sévère. Après les études, la seule distraction qu'on avait était d'aller à l'église les dimanches. Parfois, c'était maman qui négociait notre sortie, car papa préférait nous voir à la salle d'études que nous voir aller à l'église. Papa ne voulait que notre réussite, il s'investissait plus dans nos études. Il avait même constitué trois groupes différents pour les études :

– Groupe Titan, constitué de mon frère Maxime et un de mes demi-frères, qui était dans la même classe que lui ;

– Groupe Choc, dont je faisais partie avec un de mes demi-frères, qui s'appelle Philippe ;

– Enfin le groupe Papillon, constitué de ma petite sœur Géraldine et un de mes demi-frères.

Quand Papa voulait travailler avec nous, il disait juste le nom du groupe et les personnes concernées se présentaient à la salle d'études. On était très studieux et on avait de très bonnes notes en classe. De temps en temps, quand papa ne dormait pas à la maison, on faisait une dizaine de kilomètres à pied pour aller dans une salle de cinéma pour regarder des films hindous. Ma petite sœur Géraldine rêvait même d'aller en Inde pour voir les femmes hindoues, car elle les trouvait très belles. Elle imitait leurs danses et arrivait même à chanter comme elles.

Ce qui me rendait triste à l'époque c'est que papa mettait plus de moyens financiers à la disposition de mes demi-frères. Mais maman ne faisait pas très attention à cela. En plus de son travail de caissière, elle faisait le commerce entre le Nigéria et le Bénin avec l'aide de sa demi-sœur qu'elle avait ramenée de Gomé. Elle nous disait de ne pas considérer ce que papa faisait. Je voyais comment elle jonglait pour subvenir à nos besoins. Je me disais que si papa n'avait pas autant d'enfants, on n'aurait pas toutes les difficultés qu'on avait à l'époque.

Pour moi, la polygamie n'est pas une bonne chose et je me suis juré de ne pas me retrouver dans cette situation.

Après avoir reçu son baccalauréat avec mention, Maxime a fait des études de Génie civil. Il a eu la chance de rencontrer un Ingénieur français qui a ouvert une entreprise de BTP à Cotonou. Très vite, Maxime quitta le domicile familial, et quelques années plus tard, il construisit sa propre maison. Maxime était le pilier de notre famille. Il aidait beaucoup maman, financièrement ; il payait totalement nos études. Sans lui, je ne sais pas ce qu'on serait devenu aujourd'hui.

Marcel, le frère jumeau de Maxime, a été ralenti dans ses études à cause d'une maladie causée par les sorciers. Il a eu son baccalauréat tardivement et a fait des études de Sciences Economiques. Aujourd'hui, il vit aux États-Unis.

Jusqu'à son dernier souffle, Papa a voulu le meilleur pour mes demi-frères : dans son testament, il a donné à mes demi-frères les deux maisons qui ont de la valeur et qui se trouvent à Cotonou ; et à nous la petite maison qui se trouve à Porto-Novo, qui n'a pas de valeur, mais remplie de plein de souvenirs, car nous y avons tous passé notre enfance et notre adolescence.

Arrivée en classe de seconde en 1983, j'ai été courtisée par mon professeur de Biologie, Michel, qui était aussi professeur de Biologie de mon demi-frère, Philippe, dans la section mathématique. Moi je faisais la section Biologie-Géologie. Philippe me conseilla d'accepter ses avances au risque de se voir attribuer de mauvaises notes. Avec la complicité de Philippe, j'ai commencé à sortir avec Michel. On se voyait en cachette. Philippe et moi prétendions avoir un cours de rattrapage ; on quittait la maison ensemble, moi je rejoignais Michel chez un de ses amis que je voyais très rarement, et Philippe allait se promener. Mais très tôt pendant les vacances scolaires de cette même année, papa fut au courant de notre relation. J'avais très peur de sa réaction ; je n'avais que 16 ans. Mais finalement, papa accepta notre relation et dit à Michel : « J'aimerais que ma fille devienne Médecin, je t'accepte en espérant que tu vas œuvrer pour que mon souhait devienne réalité. »

C'était la condition sine qua non pour que Michel et moi continuions à nous voir.

Papa était très sévère sur notre éducation. Après l'obtention de leur baccalauréat, c'est lui qui a choisi à mes frères et demi-frères aînés ce qu'ils devaient faire voir leur profession. Je n'étais pas surprise qu'il veuille que je devienne médecin. C'est bien, c'est un beau métier, mais mon rêve était de devenir chanteuse. Je n'osais exprimer cette envie à cause des critiques que l'entourage faisait sur le monde de la musique à cette époque : un monde de vices, de drogue et de la prostitution. En tout cas, je ne peux faire que la volonté de mon père.

Arrivée en classe de première, un des amis de mon frère Maxime l'informe que Michel a une femme et un enfant. Je n'osais pas y croire. Sachant que Michel ne me dirait pas la vérité si je lui posais la question, je suis passée par sa demi-sœur Infirmière pour connaitre la vérité. Voici ce que je lui ai dit :

— Michel m'a dit qu'il a un enfant et je ne l'ai pas cru. Est-ce vrai ?

— Ce n'est pas un enfant mais deux. Il a eu un enfant quand il était en classe de terminal ; la maman de celui-ci est maintenant en couple. Le deuxième n'a pas encore un an, me répondit-elle.

J'étais très triste c'était comme si le monde s'écroulait autour de moi. Après l'avoir mis au courant des révélations que sa demi-sœur m'a faites, il me dit :

— Le premier était une erreur de jeunesse ; le deuxième, je ne l'ai pas voulu. Sa mère m'a piégé et n'a pas voulu faire une Intervention Volontaire de Grossesse quand je lui ai proposé. C'est toi que j'aime… c'est avec toi que je veux faire ma vie.

Je l'ai cru et surtout je lui ai fait confiance.

Après une longue réflexion, je n'ai pas confirmé les faits auprès de mon frère de peur que je ne sois influencée par mes parents de ma décision de continuer ma relation avec Michel. J'ai quand même pris le temps d'inculquer dans sa tête que si jamais il fait un autre enfant à une autre femme ou s'il prend une autre femme, je le quitterai pour toujours.

Je ne connaissais pas la pilule. Michel et moi ne faisions que des calculs par rapport à mon cycle menstruel. Malgré cela, arrivée en classe de terminale, avant l'examen du baccalauréat, je tombai enceinte. J'ai alors attendu de passer l'examen avant de l'annoncer à maman.

En plus de l'examen du baccalauréat, j'avais passé trois autres concours, dont celui d'entrée en École de Médecine. Quand Papa fut au courant de ma grossesse, il fit appeler Michel et lui dit : « Tu as abusé de la confiance que j'ai placée en toi. Je te demande d'accepter une interruption volontaire de grossesse. » Il pouvait le faire sans le lui demander, mais il craignait que Michel le poursuive en justice : j'avais 19 ans et la majorité d'âge était fixée à 21 ans à cette époque. Mais Michel refusa de donner son accord pour l'IVG, ce qui mit papa en colère et il m'intima de quitter la maison et de rejoindre Michel. Je rejoignis donc Michel à Cotonou, la ville où habitait papa. Les résultats du Baccalauréat et ceux des concours n'étaient pas positifs.

Pendant toute la grossesse, papa n'est pas venu me voir. Je comprenais son attitude. Je ne lui en voulais pas. Mais quand j'ai accouché au CHU de Cotonou, papa fut la première personne à me rendre visite. J'étais très contente quand je l'ai vu. C'était un garçon. Nous l'avons appelé Prince Besnose. Après l'accouchement, papa me proposa de revenir habiter chez lui pour reprendre la terminale. Avec l'accord de Michel j'ai donc laissé Prince à maman qui habitait Porto-Novo à une trentaine de kilomètres de Cotonou. Prince avait huit mois. Tous les week-ends, Michel et moi lui rendions visite. Après mon bac, je passai à nouveau le concours d'entrée à l'école de médecine comme le voulait papa, mais échouai.

Je fis la connaissance de ma belle-mère quelques jours avant la naissance de Prince. Elle était venue chez nous pour m'apprendre à faire ma propre toilette après l'accouchement et aussi celle de Prince. Maman n'avait pas pu remplir cette mission parce qu'elle travaillait. Elle portait un prénom indigène du fait qu'elle n'avait pas été baptisée. On l'appelait « Yaovoudé », ce qui signifie « petite femme. » Elle est restée trois mois.

Après trois années de vie commune, je suis retombée enceinte. Michel assumait son devoir de mari et de papa. Il travaillait au Ministère du Développement Rural. On ne manquait de rien. On était bien nourri et bien vêtu. Il m'aimait et je l'aimais aussi. Il a fait venir une de ses nièces qui s'appelle Nadine, pour m'aider dans les tâches ménagères. Souvent, Michel se rendait dans son village pour visiter ses parents. Les rares fois où je l'accompagnais, c'était dans le cadre de cérémonies familiales. Je rencontrais Joséphine, la deuxième femme qui lui avait fait le deuxième enfant. Elle était même plus présente au village que moi. Au début, je faisais des crises de jalousie, mais au fil du temps j'ai compris qu'il n'y avait plus rien entre elle et Michel.

Joséphine était très proche de ma belle-famille. Quand elle avait besoin de confier son enfant pour rentrer dans une école et devenir Institutrice, c'était ma belle-mère qui a pris son fils. Je comprends que cette situation les a rapprochées l'une de l'autre. Elles couchaient dans la même chambre, peut-être dans le même lit. Néanmoins, je ne suis jamais entrée dans la chambre de ma belle-mère pour confirmer ce fait. En tous cas, je m'en foutais du comportement de ma belle-famille vis-à-vis de Joséphine. Ce qui comptait pour moi, c'était l'amour que Michel avait pour moi.

À l'approche de mon deuxième accouchement, Yaovoudé, ma belle-mère, est venue s'installer à la maison pour m'aider encore une fois. L'accouchement ne s'était pas bien déroulé. Un après-midi, alors que je n'éprouvais aucune douleur, un frisson parcourut mon corps ; je sentis quelque chose de chaud couler entre mes jambes. Je compris que la poche des eaux était rompue et que le liquide amniotique sortait de moi. C'est un signe que le travail a commencé. Malgré le fait que je ne ressentais aucune contraction, j'ai immédiatement informé une voisine Infirmière qui a aussitôt appelé un taxi pour m'emmener au CHU de Cotonou. Je fus admise en salle d'accouchement aux environs de 16 heures. J'ai été rapidement prise en charge par une équipe médicale qui suivait l'évolution du travail. Après quelques soins, l'enfant ne descendait pas. Alors que le travail d'accouchement progressait, il semblait durer plus longtemps que prévu. J'étais enveloppée de douleurs caractéristiques précédant l'arrivée du bébé. Ce qui était surprenant pour la sage-femme, c'était que le col de l'utérus était totalement effacé, mais que le bébé ne descendait toujours pas. La sage-femme m'ordonna de pousser à des intervalles de temps réguliers. Je n'avais pas envie de pousser, mais j'exécutais ce qu'elle me demandait. Après plusieurs heures de travail, l'équipe soignante décida de pratiquer une césarienne. Maman et Michel en furent informés. Au moment où l'équipe s'affairait à préparer le matériel pour la césarienne, la sage-femme qui me surveillait poussa un cri ; mon est bébé sortit d'un seul coup sans que je pousse, avec le cordon ombilical enroulé autour de son cou à deux reprises. Il était

2 heures du matin. Il fut emmené en soins intensifs pour nourrissons. Trois jours après, je suis sortie de l'hôpital, mais l'enfant y était resté pendant deux semaines pour recevoir des soins. Il présentait des signes de jaunisse. Nous l'avons appelé : Auguste Fortuné.

Tous les matins en allant au travail, Michel me déposait à l'hôpital pour qu'Auguste puisse prendre le lait maternel. Après l'allaitement du matin, je me rendais dans la maison de mes grands-parents, pas loin de l'hôpital, habitée par ma tante et ses enfants, mon oncle, sa femme et ses enfants.

Aux environs de midi, je retournais à l'hôpital pour qu'Auguste puisse téter et je restais pour l'allaitement de 18 h. À 18 h 30, Michel quittait son travail et passait me prendre à l'hôpital et nous rentrions ensemble à la maison.

Un jour où j'étais dans la maison familiale, un voyant qui était venu voir ma tante fit une révélation troublante. Dès qu'il me vit, il demanda à ma tante qui j'étais pour elle.

— Ma nièce, répondit-elle.

Il ajouta :

— Je vois la main puissante de Dieu sur elle. Elle vient de donner péniblement naissance à un garçon. Il y a une césarienne qui a été prévue ; si on l'avait opérée, ni elle ni le bébé n'aurait survécu. C'est sa belle-mère qui a attaché l'enfant dans son ventre. Elle ne veut pas qu'elle soit la femme de son fils.

Quelqu'un qui ne m'avait jamais vue auparavant et qui a décrit en quelques secondes le calvaire que je venais de vivre en donnant naissance à mon fils ne pouvait affirmer que la vérité.

Je savais que ma belle-mère ne m'estimait pas. Mais j'étais loin d'imaginer qu'elle pouvait œuvrer pour mettre fin à mes jours.

Pour ne pas mettre mère et fils en conflit, je n'en touchai un mot à Michel. Mais quand je pensais que cette belle-mère m'attendait à la maison pour « prendre soin » de mon fils, sur le point de sortir de l'hôpital, j'ai eu peur, peur surtout pour mon fils.

Quand Auguste fut rentré de l'hôpital, je trouvais des prétextes pour lui donner moi-même son bain. J'avais de l'expérience dans ce domaine. Quand je devais sortir pour aller en cours ou faire des courses, j'enfermais Auguste et Nadine dans ma chambre avec le nécessaire dont ils avaient besoin pour manger et pour aller aux toilettes. Le huitième jour, de ma chambre j'entendis Yaovoudé dire à son fils :

— Tu ne me verras pas ce soir quand tu rentreras.

C'est ainsi que ma belle-mère retourne au village sans me dire « au revoir. »

Après trois années d'études, j'ai obtenu ma licence en informatique. Nous avons loué un trois-pièces. J'occupais une chambre avec mes enfants et Michel occupait la deuxième parce qu'il était rosicrucien et devait s'adonner à des séances de méditation. Nadine dormait au salon. Après ma licence, je n'avais pas trouvé de travail et Michel assumait toutes les charges : le loyer, l'électricité et l'eau, l'alimentation et l'habillement de toute notre famille. J'avais de la peine pour lui. Je finis par trouver un stage rémunéré de trois mois dans le journal *Le Forum de la Semaine,* au cours duquel on me payait seulement le déplacement. C'était mieux que rien. Après le stage, je fus embauchée dans un cabinet d'avocat en qualité de Secrétaire, mais ne gagnais pas grand-chose. Puis un jour, je passai un test de recrutement pour être Secrétaire dans une grande société qui allait s'installer dans le port de Cotonou. Je fus sélectionnée et le directeur, un Sénégalais du nom de N'Diaye, m'a dit : « La seule condition à laquelle on pourra vous embaucher, c'est que vous partiez dans cinq jours en Côte d'Ivoire où se trouve la société mère par voiture pour un stage de trois mois », ce que j'acceptais. Cela faisait près de deux ans que j'étais à la recherche de travail. En plus, un travail comme cela, il n'y en avait pas beaucoup. J'allais avoir un bon salaire, pouvoir aider Michel dans les charges de la maison et faire aussi plaisir à mes enfants. Auguste avait un an et demi, mais n'était pas encore sevré. Je sais, j'aimais beaucoup allaiter mes enfants… trop d'ailleurs. Alors maman est venue s'installer à la maison pour m'aider à le sevrer. En trois jours, le sevrage a été fait et j'ai pu prendre la route pour la Côte d'Ivoire comme convenu.

Le trajet dura trois jours. M. N'Diaye n'était pas avec nous. Nous étions deux en plus du chauffeur. Nous avions passé la première nuit à Lomé, la deuxième au Ghana et le troisième jour nous étions en Côte d'Ivoire. J'ai été logée chez le comptable, un Sénégalais qui habitait Marcory. Tous les matins, je partais au port de pêche avec lui, mais le soir je rentrais en taxi, car il finissait plus tard.

En quittant le Bénin, maman m'avait remis l'adresse qu'Alfred lui avait laissée en me disant :

— Cherche et retrouve ton frère et dis-lui de rentrer.

Dès la première semaine, j'ai demandé à un collègue qui avait une voiture s'il pouvait m'emmener voir mon frère Alfred. Quand il vit l'adresse, il s'exclama :

— Ah, je connais Yopougon, la majorité des étrangers vivent là-bas ; si tu veux, je t'emmène après le travail.

Il n'eut pas de mal à retrouver la maison. Les retrouvailles avec mon frère étaient pleines d'émotions. Alfred m'expliqua :

— Quand j'étais revenu du Bénin, mes activités ont été au ralenti. Mon chiffre d'affaires avait considérablement baissé. J'ai vendu un taxi, puis le deuxième et enfin le troisième. En ce moment, les journées sont très difficiles ; j'ai du mal à remonter.

Et comme maman me l'avait demandé, je lui ai suggéré de rentrer définitivement au Bénin. Il n'avait ni femme ni enfant qui pouvaient compliquer son retour. Mon stage s'était très bien passé. Deux jours avant mon retour au Bénin je suis retourné le voir et il m'a dit :

— Je vais rentrer, mais pas de suite. Je vais régler quelques problèmes.

Pour mon retour au Bénin, la société me paya un billet d'avion. J'avais voyagé avec M. N'Diaye. Il était en classe « Affaire » et moi en classe « Économique ».

Mon arrivée combla maman de bonheur : sa fille allait pouvoir travailler et avoir un bon salaire et son fils aîné allait rentrer définitivement.

J'ai commencé aussitôt le travail. M. N'Diaye m'avait proposé un salaire de 65 000 FCFA alors que le SMIC était fixé à 35 000 FCFA. M. N'Diaye était resté une semaine avec nous et a dû se rendre en urgence au Sénégal. En plus des ouvriers qui devaient trier le poisson et les crevettes pêchés en haute mer, il y avait un comptable et un monsieur qui était le bras droit du directeur : il s'appelle Henri. Je ne sais pas la fonction qui lui était attribuée. Ce que je peux dire, c'est que ce monsieur avait de l'influence sur M. N'Diaye qui se pliait à toutes ses volontés.

Vers la fin de la deuxième semaine, Henri me dit :

— M. N'Diaye a téléphoné et demande que vous arrêtiez le travail pour l'instant jusqu'à son retour.

J'ai été très surprise d'entendre ces mots de la bouche d'Henri. À l'époque, le téléphone portable n'existait pas. Mais M. N'Diaye pouvait me joindre sur le fixe de la société. En plus, j'étais la secrétaire, il tomberait directement sur moi et pourrait me notifier ses intentions. Les activités n'avaient pas vraiment démarré, mais s'il fallait suspendre quelqu'un en attendant, ce serait les ouvriers parce que la pêche n'avait pas commencé. Je compris tout de suite que c'était une manigance d'Henri. J'entamai malgré tout la troisième semaine. Henri n'arrêtait pas de me harceler en me demandant de ne pas venir travailler. Alors j'ai demandé au comptable s'il était au courant de cette information. Il me précisa :

— Non, je ne suis pas au courant, mais si Henri vous a dit cela, c'est mieux que vous arrêtiez pour l'instant.

Il n'y avait pas un contrat de travail établi entre la société et moi. Mais beaucoup de sociétés embauchaient sans contrat de travail à l'époque. J'ai alors arrêté le travail. Une semaine après, j'y suis retournée pour vérifier si M. N'Diaye était de retour comme annoncé. À ma grande surprise, j'ai vu qu'il y avait une autre Secrétaire dans mon bureau. Le comptable m'avoua que c'était Henri qui l'avait fait venir. Constatant la tristesse sur mon visage, le comptable me demanda de lui indiquer mon adresse afin de m'informer dès que M. N'Diaye serait de retour. Je n'avais pas de téléphone fixe à la maison. Après un mois, le comptable vint m'annoncer le retour de M. N'Diaye.

Je me suis alors présentée à la société et quand je suis rentrée dans son bureau il m'a lancé :

— Vous n'êtes pas contente du salaire que je vous ai proposé ? Vous avez trouvé mieux ? Il fallait me le dire.

Je lui répondis :

— Pas du tout, Henri m'a ordonné d'arrêter le travail pour l'instant et m'a précisé que cette décision venait de vous.

Il renchérit :

— Je n'ai jamais dit cela. Henri m'a prévenu que vous ne veniez plus travailler et j'ai donné l'ordre de prendre une autre Secrétaire. Cela fait un mois et demi qu'elle travaille. Je ne peux plus vous reprendre.

Il me paya les trois semaines de travail que j'avais effectuées et je suis partie. C'est ainsi que l'emploi tant rêvé s'était immédiatement terminé. Les connaissances de maman me conseillèrent de traduire M. N'Diaye en justice. Pour eux, M. N'Diaye devait me payer des dommages et intérêts. Mais maman m'avait dit :

— Un enfant de Dieu ne se fait pas justice. Laisse le Seigneur prendre ta défense.

Pour elle, l'Éternel m'avait emmenée en Côte d'Ivoire pour que je puisse voir mon frère et le persuader de revenir au Bénin.

Environ un an après, Alfred est rentré définitivement au Bénin. Il s'est marié et a eu quatre enfants.

J'avais une tante éloignée qui venait de temps en temps dans la maison familiale ; elle s'appelait Élisabeth. Quand elle croisait Michel, elle l'appelait « Ahôtônon tché », ce qui signifie « l'homme qui me doit de l'argent », tout simplement parce que Michel n'avait pas fait la « dot. » Cela me mettait mal à l'aise vis-à-vis de lui. Pourtant, il assumait très bien son devoir de père de famille. Mes enfants et moi ne manquions de rien.

Je sais que la « dot » est une tradition chez nous au Bénin et aussi dans certains pays africains. Pour se faire respecter par sa belle-famille, l'homme doit s'acquitter de la « dot. » C'est une cérémonie au cours de laquelle les parents de l'homme apportent des présents à la famille de la femme. Notamment des boissons et de l'argent pour les oncles et les tantes de la femme, une bouteille de boisson alcoolisée et de l'argent pour les frères, de l'argent pour la mère et le père et enfin une somme importante, des pagnes et des ustensiles de maison pour la femme elle-même. Ces présents varient d'une famille à une autre. Maman n'aimait pas non plus le surnom qu'Élisabeth avait donné à Michel et lui dit un jour :

— Je n'aime pas le surnom que tante Élisabeth t'a donné. Si tu es d'accord, tu feras la « dot » à la *façon « pauvre »*.

Celle-ci consistait à emprunter tous les présents destinés à la femme et à les retourner aux prêteurs à la fin de la cérémonie. Michel a accepté le principe et avec sa demi-sœur Infirmière, ils ont fait la « dot. » Ma tante Élisabeth a exigé que Michel donne exceptionnellement aux tantes un canard mâle et un peu d'argent pour avoir pris ma virginité. La cérémonie était grandiose. Personne, ni les oncles, ni les tantes ni mes frères ni papa n'étaient au courant que c'était un arrangement entre maman, Michel et moi. Le lendemain de la dot, tout ce qui m'était destiné a été restitué. Je n'ai gardé aucun souvenir de la « dot. » En tout cas, je m'en moquais pourvu que ce surnom soit effacé à jamais.

Plusieurs fois dans la nuit je me réveillais et remarquais que Michel et Nadine étaient en éveil. En questionnant Nadine, et après l'avoir menacé, elle finit par m'avouer que Michel couchait avec elle. Alors j'ai demandé à Nadine de dormir désormais dans ma chambre. Malgré cela, Michel s'introduisait discrètement dans ma chambre la nuit pour la réveiller. J'étais déçue de son comportement, mais ne savais pas quoi faire : Michel n'acceptera pas de me payer une bonne et je n'avais pas les moyens d'en prendre. Puis un jour en rentrant à l'improviste j'ai surpris le petit frère de Michel et Nadine en plein acte sexuel. J'ai alors ordonné à Michel de ramener Nadine chez ses parents. Je savais qu'il ne dirait pas les raisons de ce retour prématuré et précipité de cette dernière au village. Mais en même temps, je ne pouvais pas accepter ce désordre sous mon toit. Je n'ai rien expliqué à ma belle-famille. Mais je pense que le retour de Nadine au village avait envenimé mes relations avec ma belle-famille. Néanmoins, je ne pouvais pas quitter Michel parce qu'il avait couché avec ma domestique. Ce fait était très courant. Je commençais quand même à douter de l'amour qu'il avait pour moi.

Comme je ne travaillais pas, je ne pouvais ni payer une bonne ni imposer ses frais à Michel. Une amie de maman m'avait proposé d'aller dans son village pour chercher une domestique. On m'avait proposé une petite fille qui présentait tous les symptômes du kwashiorkor, maladie causée par la mal nutrition. Elle s'appelle Janine. Petite fille très docile et travailleuse dont l'aspect physique était très loin d'attirer le regard de Michel. J'étais très contente de l'avoir comme domestique.

Pour avoir une promotion, Michel avait demandé une affectation dans le nord du Bénin. La plupart des fonctionnaires n'aimaient pas aller travailler là-bas. Il a été affecté dans une petite commune appelée Nikki à plus de 500 km de Cotonou. De commun accord, il s'était installé seul à Nikki parce que je ne pouvais pas y trouver du travail qui correspondait à mes compétences. Je suis donc restée à Cotonou avec les enfants et avec Janine. J'ai continué ma recherche de travail. Quand je pouvais, j'allais lui rendre visite et lui aussi réciproquement.

Environ un an et demi après son affectation, papa m'a demandé : pourquoi es-tu ici alors que ton mari est à Nikki ?

— Je ne peux pas trouver du travail à Nikki, répondis-je.

— Je veux que tu rejoignes ton mari sinon tu risques de le perdre. Je suis un homme et je sais de quoi je parle, renchérit-il.

J'ai attendu alors que l'année scolaire se termine pour organiser notre déménagement. Je me suis renseignée sur le commerce qui pourrait marcher dans cette ville et une connaissance m'a parlé du commerce de petits poissons fumés qu'on appelle « dowèvi. » Le jour du déménagement, j'ai acheté deux grands paniers de « dowèvi. »

Nous étions logés dans une grande maison et une moto était mise à la disposition de Michel pour ses déplacements.

Trois fois par semaine, Janine faisait le tour de la commune pour vendre le poisson. Ce commerce était un peu rentable, et périodiquement je me rendais à Cotonou pour me ravitailler. Environ deux ans après notre arrivée, Michel fut affecté à nouveau dans une zone plus rurale que Nikki, appelée *kalalé*. Le commerce du poisson n'était plus rentable parce qu'il n'y avait pas beaucoup d'habitants. Comme on avait un congélateur à notre disposition, je vendais des glaces et des sucettes. C'est une zone où il faisait quasiment chaud toute l'année. Je dois reconnaître que Michel évoluait professionnellement, mais moi je n'avais pas la chance de trouver du travail. Ensemble, nous avons décidé de faire un troisième enfant. Pour avoir la chance de concevoir un enfant qui serait une fille, nous avions opté pour un régime sans sel. Pendant six mois, on mettait très peu de sel dans notre alimentation. Après la conception, j'eus des signes totalement différents des deux précédentes grossesses. J'étais très sûre que j'aurais une fille. Très tôt, je sentais la fatigue. Le ventre prenait plus de volume qu'il ne devait. À six mois de grossesse, on pensait que j'étais arrivé à terme. Craignant que l'accouchement se complique comme cela avait été le cas pour Auguste, nous avions alors décidé que je retourne à Cotonou pour accoucher. Alors à six mois de grossesse, je suis retournée seule à Cotonou. J'ai accouché à neuf mois et cinq jours. C'était un garçon. Contrairement à notre crainte, l'accouchement s'était bien déroulé. Le seul problème qui expliquait la taille volumineuse du ventre c'est qu'au lieu de me faire face dans le ventre, le bébé me faisait dos. Nous l'avons appelé Omer Régis.

Trois mois après l'accouchement, je suis retournée à Kalalé. L'ambiance n'était plus la même qu'avant. Après une bonne alimentation, l'aspect de Janine a changé et Michel a commencé à coucher avec elle. Cela me peinait, mais je ne pouvais pas me séparer de Janine, elle était d'une aide précieuse. Nous avions quand même trois enfants en bas âge. Cela nécessitait du travail. Je n'avais pas les moyens de prendre une bonne.

Au début de l'année 1997, Maxime créa son Entreprise de BTP. Il m'embaucha comme Secrétaire. Je suis alors revenue à Cotonou avec mes trois enfants et Janine. Michel avait été affecté à nouveau à Tchaourou, toujours dans le Nord, mais à 400 km de Cotonou. Comme Maxime travaillait dans une autre entreprise, il a nommé son frère jumeau Directeur de son Entreprise. De retour à Cotonou, j'ai eu la chance d'intégrer la chorale de l'église que mes grands-parents avaient fondée. Cette église a bien grandi et est devenue une des plus grandes églises protestantes méthodistes du Bénin. J'étais très contente de voir mon rêve de petite fille se réaliser, car pour moi, chanter pour l'Éternel est mille fois récompensé que chanter sur scène pour gagner de l'argent.

Dès la création de l'entreprise, nous avons participé à un appel d'offres que nous avons gagné. C'était un projet japonais pour la construction de plusieurs écoles dans le département du Mono. Pour me permettre de gagner un peu plus d'argent, Maxime me détacha du secrétariat et je m'occupais de la livraison du sable et du gravier sur les chantiers. Il a mis un camion à ma disposition que je payais 40 000 FCFA la journée. Je lui facturais le mètre cube en fonction des dépenses supplémentaires et de la marge de bénéfice que je voulais avoir. À la fin des chantiers, je me suis retrouvée avec pas mal d'argent. Nous n'avons pas gagné la deuxième phase du projet que les Japonais ont lancé. Il y avait une autre Entreprise qui avait cassé les prix et les Japonais ont préféré lui remettre le marché. Maxime m'a alors présenté au directeur d'une autre Entreprise qui était un de ses amis. Un certain Yamadjassi. J'ai commencé à livrer sur les chantiers de ce dernier. Et j'ai gagné beaucoup. Quand ses chantiers sont finis et que Maxime n'avait pas de chantier, je sillonnais la ville de Cotonou pour repérer les chantiers privés en construction et je proposais aux propriétaires mes services. J'avais une petite moto que je conduisais. Certes, j'étais fatiguée, mais c'était mieux que d'être assise devant un ordinateur et de répondre au téléphone. Quand je pouvais de temps en temps, j'allais voir Michel à Tchaourou. Pour la bonne éducation de nos trois enfants, nous avons finalement décidé que Michel redemande une affectation à Cotonou. Ce qu'il a fait rapidement et il est retourné au Ministère du Développement Rural où il était avant son affectation sur Nikki. Il passa quelques concours et devint Ingénieur Agronome.

Pour sauver mon couple, j'ai demandé à Janine de retourner chez ses parents. Ce que j'aurais pu faire c'était de lui payer un apprentissage ou de lui donner un fonds de commerce. Mais sur le coup, je n'y ai pas pensé. Elle raconta à sa tante que c'est parce que j'ai peur de perdre mon mari que je l'ai renvoyée…

Nous avions loué un joli trois pièces avec des sanitaires modernes. Les garçons occupaient une chambre et nous la deuxième. Je payais le loyer et Michel prenait toutes les autres charges, y compris la nourriture. Comme je sais de quoi Michel était capable, je pris une petite bonne d'à peine 12 ans pour m'aider et je la payais tous les mois. J'avais besoin de quelqu'un pour écraser les condiments avant que je rentre pour préparer la sauce, emmener Régis à la maternelle, faire la vaisselle et m'aider à laver le linge. En ces temps-là, il n'y avait pas de machine à laver le linge. Je me chargeais de faire le ménage. Je faisais de mon mieux pour alléger la tâche à Honorine, la bonne. Quand Michel part travailler le matin, il ne revient que le soir. Quelques rares fois, les frères de Michel passaient à la maison pour lui demander une aide financière. Les rares fois où nous allions au village, Joséphine était toujours présente. Cela commençait à m'inquiéter, mais Michel me rassurait :

— Laisse-la perdre son temps. Elle veut un autre enfant, mais je ne lui en ferai pas.

Voyant qu'elle avançait en âge, Yaovoudé, la mère de Michel décida de se faire baptiser. Un jour, au village, la femme du demi-frère de Michel me dit :

— Voilà, le jour du baptême de notre belle-mère arrive à grands pas ; il faudra que tu te rapproches de Joséphine, ta coépouse qui est à Cotonou pour voir comment vous allez organiser cela.

Je répondis :

— Mon mari ne m'a pas dit que j'ai une coépouse ; ce n'est pas vous qui allez me faire croire cela.

J'ai été quand même surprise d'entendre que Joséphine enseigne maintenant à Cotonou, la ville où j'habite avec Michel. À ma connaissance, elle enseignait dans une commune dans le sud du Bénin, qu'on appelle « Sakété. »

Voyant cette situation s'éterniser, papa a appelé Michel et lui dit :

— Qu'est-ce que tu attends pour te marier à ma fille ? Vous avez trois enfants, mets tes enfants en sécurité et montre aux membres de ta famille que c'est ma fille que tu as choisie et Joséphine dont on parle beaucoup va disparaître de ta vie.

Michel a dit d'accord, mais ne m'a jamais demandé en mariage. Pour moi, le mariage n'est qu'une formalité administrative. Je n'en tenais pas rigueur. Mon mariage est le jour où Michel a pris ma virginité.

Puis un jour en rentrant à la maison, Honorine me dit :

— Maman je veux partir, je ne veux plus rester avec vous.

Je rétorquais :

— Pourquoi ? Tu es fatiguée des tâches domestiques que tu fais ?

Elle est restée silencieuse.

— Tu ne vas pas partir comme ça ! J'ai besoin de toi ; s'il y a une tâche qui est difficile pour toi, dis-le-moi et je la ferai moi-même désormais.

— Non, je suis bien ici, mais je ne peux pas rester.

— Tu ne peux pas ou tu ne veux pas ?

— Je ne peux pas.

— Dis-moi alors pourquoi.

— Papa veut coucher avec moi.

Avec tout mon calme, je lui dis :

— Tu as bien fait de me le dire ; ne t'inquiète plus maintenant ; il ne te demandera plus ça.

Quand Michel est rentré, avec toute la colère qui était en moi, je lui dis :

— Honorine ne peut pas être ta fille ?

— Oui, pourquoi ?

— Tu es capable de coucher avec ta fille ?

— Ce n'est pas ce que tu penses.

— Si ce n'est pas ça, c'est quoi alors ? Je t'interdis de lui faire des avances et laisse-la tranquille.

Mais chaque fois que je n'étais pas à la maison, il faisait des avances à la petite. Et je lui dis

« Reste sur ta position, il finira par te laisser tranquille. »

Un jour, je suis rentrée et Honorine n'était plus là. Elle a pris 20 000 FCFA dans mon placard et est partie.

Comment peut-on faire ça à la femme qu'on prétend aimer ? J'étais en colère ; très en colère. L'amour que j'éprouvais pour lui avait disparu d'un seul coup. Je sais que certains hommes n'arrivent pas à maîtriser leurs pulsions devant les femmes, mais Honorine n'était qu'une enfant de douze ans. C'est un vice pour Michel. Il n'arrêtera jamais de faire ça. J'ai alors remercié l'Éternel de ne pas m'avoir donné une fille : Michel allait coucher avec elle. J'avais décidé de ne plus prendre ni de bonne ni de domestique. Avec l'aide de Besnose, je faisais toutes les tâches ménagères et j'arrivais à continuer la livraison de sable et de graviers sur les chantiers. Après avoir passé toute la journée à conduire une moto et suivre les livraisons sur les chantiers, forcément quand je rentre le soir je suis très fatiguée. Ne voulant pas le quitter et dire à mes enfants que j'ai quitté votre père parce qu'il couchait avec ma domestique et bonne, j'ai décidé de continuer à assumer mon devoir de femme malgré tout le dégoût que j'éprouvais pour lui. J'ai alors imposé un rythme sexuel qui ne lui a pas plu : une fois par semaine, et uniquement le dimanche.

Un jour, en sortant très tôt le matin, j'avais oublié de prendre les clés de notre chambre. Depuis qu'Honorine avait pris de l'argent dans le placard dans notre chambre, on avait commencé à la fermer. Je ne m'en suis rendu compte qu'à midi quand je suis rentrée pour préparer le repas. Comme Michel ne rentrait pas le midi, je suis resté au salon avant de sortir pour faire le tour des chantiers comme je le faisais habituellement. En rentrant à la maison vers 19 h, j'aperçus Michel sur sa moto, dépassant la rue où se trouvait notre maison. C'était un vendredi. Je devais rentrer et me préparer pour aller à l'église pour la répétition des chants du dimanche. Alors je le suivis pour le rattraper afin de récupérer la clé. Mais une petite voix me dit :

— Suis-le pour voir où il va.

Il conduisait une moto SG125 et moi une moto Yamaha. Il ne roulait pas vite, je pouvais le rattraper et prendre la clé, mais je l'ai suivi. Il se gara devant une maison dans laquelle il y a plusieurs appartements. Quand je suis rentrée, je ne savais pas dans quel appartement il s'était introduit. Après avoir posé la question aux enfants qui jouaient dans la cour, ils m'ont indiqué l'appartement dans lequel il venait de pénétrer. J'ai toqué à la porte et c'était Joséphine qui a ouvert. C'est un F2. J'ai vu Michel assis sur une chaise en face d'une table à manger. Sans saluer Joséphine, je lui dis :

— En sortant ce matin, j'ai oublié ma clé. Quand je rentrais, je t'ai aperçu et quand je t'ai appelé tu ne m'as pas entendu.

Il m'a tendu sa clé et je suis partie aussitôt. Je ne sais pas comment j'ai pu conduire ma moto pour rentrer. Mon cœur battait très fort dans ma poitrine. Une chaleur a pris tout mon corps comme si je venais de faire du sport. Quand je suis rentrée, je me disais :

— Respire, respire, respire et surtout ne dis rien.

Trois minutes après, Michel rentra à la maison et me dit :

— Diane, ne considère pas ce que tu viens de voir.

— Je n'ai rien vu, répondis-je.

Ce moment a été très douloureux. J'ai vu que je vivais dans la tromperie et le mensonge.

Le lendemain, j'appelai mon frère Maxime pour lui expliquer la situation et lui demander de me permettre de m'installer dans sa maison, où habitait maman qui est à 200 mètres de chez nous. J'ai commencé à ramasser petit à petit mes affaires.

Michel ne voulait pas me laisser partir avec les enfants espérant que je reviendrais sur ma décision. J'avais pris Régis qui avait à peine quatre ans parce que dans la loi : « La mère a la garde de l'enfant jusqu'à sept ans ; après cet âge, le père est autorisé à le prendre s'il veut. » Il m'a supplié à plusieurs reprises de revenir. Il était même arrivé à convaincre sa famille qui me « détestait » de venir me supplier. Quand ses frères et sœurs et ses tantes sont venus me supplier, ils ont laissé entendre que Joséphine est sa femme à part entière et qu'elle est même enceinte de son deuxième enfant.

Une femme qui s'est entêtée et a attendu quinze ans pour retomber enceinte d'un homme qui la méprisait n'est pas passée par quatre chemins. Elle a dû avoir recours à une force surnaturelle. Et comme je n'avais pas la force de lutter contre la sorcellerie, je lui cédai la place. Tout ce que je demandais à Michel, c'était de me laisser tous mes enfants.

Tous les week-ends, j'étais obligée d'emmener Régis chez lui pour qu'il s'amusât avec ses frères. Il profitait pour me supplier. Mais ma décision était irrévocable.

Après une année de séparation, Michel m'appela :

— Viens me voir, j'ai quelque chose à te dire.

Je me précipitai chez lui et il me dit :

— Tu veux tes enfants ?

— Ce sera mieux pour leur stabilité, répondis-je.

— Tu peux les prendre, mais je n'ai rien à te donner pour pension alimentaire.

— D'accord, ils ne mangeront pas du sable.

J'ai pris Auguste et Besnose et nous avons commencé notre petite vie.

Un jour, je suis allée dans la boutique de prêt-à-porter que ma petite sœur Géraldine et son mari Arcadius géraient. Un monsieur qui s'appelle Alex que je connaissais y était. Après avoir discuté de tout et de rien, j'ai demandé à Alex de me déposer chez moi parce qu'il n'habitait pas loin. Il me dit :

— Je vais passer chez mon cousin si cela ne vous dérange pas, et je vous dépose après.

— Non, ça ne me dérange pas, répondis-je.

Une fois qu'Alex est rentré dans la maison de son cousin, je vis Michel garer sa moto à côté de la voiture et crier :

— Tu es ma femme, je t'ordonne de quitter cette voiture.

— Cela fait plusieurs mois qu'on est plus ensemble. Pourquoi te mets-tu en spectacle, oublie-moi, je fais ce que je veux maintenant.

Après avoir discuté avec son cousin, Alex reprit sa voiture et me déposa comme prévu chez moi.

J'ai compris ce soir-là que Michel ne me laissera jamais tranquille ; il va me pourrir la vie. Si on était marié, il n'allait peut-être pas signer le divorce. J'ai remercié le ciel de n'être pas marié avec lui. J'ai alors décidé de rejoindre mon frère Marcel qui réside aux États-Unis. Après avoir longuement discuté avec Maxime qui était d'accord pour que je fasse la demande de visa, j'ai créé une société d'Import-Export dont j'étais la gérante. Avec la carte d'importateur, je fis une demande de visa au consulat des États-Unis. Mais la demande fut refusée. Maxime ne comprenait pas les raisons de ce refus, car il avait procédé de la même façon pour Marcel quand il a eu son visa pour les États-Unis. Il a demandé les causes de ce refus et les autorités qui travaillaient au consulat lui ont dit que ma société n'avait pas six mois d'existence. Elle en avait trois. Maxime m'a dit :

— Si tu peux aller en France quelques semaines ; à ton retour, tu referas une autre demande. Ils verront que tu es vraiment une femme d'affaires.

Pour faire la demande de visa pour la France, j'ai besoin d'une attestation d'hébergement. J'ai pensé à Paul. C'était un ami de Jérémie qui allait en France régulièrement. Il venait de temps en temps manger à la maison. Un jour avec Jérémie, on lui a demandé s'il pouvait trouver quelqu'un qui pourra m'héberger un mois en France. On lui a expliqué que le but était qu'à mon retour je fasse une demande de visa pour rejoindre mon frère aux États-Unis. Il a dit aussitôt :

— Oui, j'ai quelqu'un qui va t'héberger ; tu es Secrétaire, Programmeur en Informatique, tu pourras même travailler et refaire ta vie en France. Ce sera compliqué pour toi aux États-Unis puisque tu ne sais pas parler l'anglais.

— D'accord, lui répondis-je.

Ce que je voulais, c'était quitter la vue de Michel. Si je peux refaire ma vie en France, ce serait bien.

Très rapidement, il a fait venir l'attestation d'hébergement et j'ai fait la demande de visa qui a été acceptée. Le consulat m'avait accordé un visa Schengen de trois mois. J'ai alors fait mon premier voyage en France en juillet 2001.

Le compagnon de ma petite sœur, Arcadius, avait un doute sur les promesses de Paul. Avant le jour de mon départ, il a téléphoné à son cousin Romain qui avait une société de gardiennage en région parisienne. Il lui dit :

— Ma belle-sœur sera à l'aéroport Charles de Gaulle. J'aimerais que tu viennes la chercher et que tu ailles voir où elle sera logée.

À l'aéroport, Romain m'attendait ; pas Paul. Après un quart d'heure d'attente, Romain l'appela. Il lui a dit qu'il arrivait et qu'il était dans le train. Quand Romain raccrocha le téléphone, il me dit :

— La personne qui t'a trouvé du travail n'a même pas de voiture… donne-moi ton passeport et ton billet retour. Il y a du louche. N'hésite pas à appeler la police si tu te sens en danger.

Il m'a donné son numéro de téléphone. Dans mes valises il y avait que trois tenues et beaucoup de nourriture : viande et poisson grillés, farine de manioc, arachide et noix de cajou. C'était les consignes que j'avais reçues de Paul.

Après une demi-heure, Paul arriva enfin. Romain nous emmena avec sa voiture. Je fus logée à Épinay-sur-Seine chez un couple béninois, Mme et M. Ahéhéhinnou. Le monsieur était bien plus âgé que sa femme. Ils avaient une petite fille d'à peine deux ans.

La cohabitation se passait très bien. Monsieur Ahéhéhinnou ne sortait quasiment pas de sa chambre. Les rares fois où je le voyais, c'était quand il allait aux toilettes, prendre une douche ou manger. Une semaine après, Paul réapparut et me dit :

« Je vais t'expliquer comment ça se passe ici. Pour travailler, il faut avoir des papiers. Pour avoir des papiers dans ta situation, il faut te marier. Je vais te présenter quelqu'un avec qui tu pourrais te marier ».

Ensemble avec toute la famille Ahéhéhinnou, nous sommes allés chez M. Kakin dans la commune de Chatou.

M. Kakin vivait seul. Sa femme était décédée il y a quelques années. Il fumait et buvait beaucoup. Il avait environ 65 ans. Paul me dit :

— Je te présente Mathias, marie-toi avec lui et ta vie va changer.

J'ai rigolé. Je pensais que c'était une plaisanterie. Mme Ahéhéhinnou et moi avons préparé le repas. Nous étions restés jusqu'en fin d'après-midi.

À notre retour à Épinay-sur-Seine, Paul est rentré chez lui sans rien dire. Il revint trois jours après et me dit :

— As-tu réfléchi à ce que je t'ai dit au sujet de Mathias ?

— Je n'ai pas besoin de réfléchir. Il est trop vieux pour moi. De toute façon si je ne peux pas travailler, je retournerais au Bénin pour demander le visa pour aller aux États-Unis. Mon frère ne parlait pas bien l'anglais quand il était parti, mais aujourd'hui il travaille et a pu s'acheter une maison.

Un mois après mon arrivée en France, Maxime est venu en vacances avec sa femme et ses trois enfants. Ils étaient logés à l'hôtel Richmond en face de la gare du Nord à Paris. Plusieurs fois, je les ai rejoint pour me promener et faire du shopping avec sa femme. La femme de mon frère aimait faire des achats dans le grand magasin TATI à Barbès. J'aidais Mme Ahéhéhinnou à faire le ménage et promenais sa fille dans un parc pas loin de la maison. Un jour en rentrant de Disney Land où j'ai été avec mon frère, sa femme et ses enfants, j'ai remarqué que mes affaires avaient été fouillées. Je n'ai pas osé demander Mme Ahéhéhinnou si elle avait touché à mes affaires. Je ne la voyais pas faire ça. En plus, elle était contente de ma présence. Trois jours après, Paul vint à la maison et me demanda où se trouvait mon passeport.

— Il n'est pas avec moi, il est avec tonton Romain.

— Tu vis ici et ton passeport est dans les mains de tonton Romain. Pourquoi ?

— Il l'a pris quand il était venu me chercher à l'aéroport.

Il ne m'a plus rien dit et est parti. Il n'est plus revenu jusqu'à mon retour au Bénin. C'était donc lui qui avait fouillé mes affaires. J'avais demandé à Mme Ahéhéhinnou si elle savait pourquoi Paul cherchait mon passeport.

— Il ne veut pas que tu retournes au Bénin. Il a une amie qui a une maison close. Je pense qu'il a l'intention de te faire rentrer dans cette maison.

La chance que j'avais, c'était le fait qu'Arcadius ait prévenu Romain de mon arrivée en France. Après le retour de Maxime, sa femme et ses enfants, je suis rentrée au Bénin. Je n'ai plus jamais revu Paul. J'ai repris mon activité principale : la livraison de sable et de graviers.

Maxime et moi n'avons plus pensé à représenter un dossier pour refaire la demande de visa pour les États-Unis. J'étais préoccupé par l'état de santé de Auguste.

Quand il avait trois mois, il avait fait une otite. Malgré les soins qu'on lui prodiguait au CHU de Cotonou, du pus n'arrêtait pas de couler de ses oreilles. Quand il avait eu 10 ans, j'avais entendu parler d'un centre de santé, « Avicennes », ouvert par un spécialiste en ORL, le Dr Adahè. Malgré les traitements mis en place par le spécialiste, la situation n'avait pas évolué et Auguste perdait petit à petit l'audition. Après deux ans de soins intensifs, le Dr Adahè m'a informé que Auguste n'a plus de tympan. C'est la raison pour laquelle il n'entendait plus bien. Il me dit :

— Si vous avez les moyens, nous allons constituer un dossier médical pour que vous alliez le soigner en France, nous n'avons pas les infrastructures nécessaires pour ces opérations.

Avant cela, j'avais essayé de l'envoyer en France par le biais d'une association qui aide les parents à faire soigner leurs enfants à l'étranger. Cela n'avait pas marché parce qu'il fallait que l'enfant entre en France avant l'âge de treize ans. Auguste allait avoir treize ans.

Entre-temps, Jérémie obtint un visa étudiant pour aller en France. Il y fit la connaissance de Christophe, un Français. Christophe est venu au Bénin faire la connaissance de toute la famille de Jérémie. Christophe est un homme très généreux et très sympathique. Jérémie l'a informé de la situation et il était prêt à m'héberger en France. Il m'a dit :

— Quand tu seras prête pour soigner ton fils en France, passe-moi un coup de fil.

Alors j'entamai la procédure avec le Dr Adahè. Christophe avait pris un rendez-vous dans un hôpital à Agen où il habitait et très vite je reçus l'attestation d'hébergement. Le Dr Adahè constitua le dossier médical et je fis la demande de visa. Au consulat, ils exigèrent que je fasse le virement du montant des frais d'opération sur le compte de l'hôpital. Ce que j'avais fait avec l'aide de Christophe. Mais à une semaine de la date de rendez-vous, je n'avais pas toujours pas obtenu le visa.

Puis mardi soir, je fis un rêve. Dans ce rêve, j'étais au guichet du consulat et il y avait une dame qui me remettait un dossier, signe d'un refus. Au même moment, un homme vêtu d'une tunique blanche surgit, prit le dossier et le retourna à la dame. Quand je regardai le visage de cet homme, c'était Jésus.

Le mercredi, je parlai de ce rêve à Maxime et il me dit :

— Je pense qu'ils attendent que le jour du rendez-vous passe pour te remettre ton dossier. Ils ne veulent pas te donner le visa. C'est quand ton prochain rendez-vous ?

— Demain après-midi.

— S'ils te disent que le visa n'est pas près, hausse le ton, demande ce qui bloque la délivrance du visa et dis-leur que si jamais tu n'as pas le visa pour honorer le rendez-vous, lundi tu prendras un avocat.

Le jeudi, le visa n'était pas prêt. Alors je fis exactement ce que Maxime m'avait conseillé. Je quittai le consulat en colère et me rendis directement au cabinet médical pour expliquer au Dr Adahè la situation relative à mon visa. Il appela une de ses collègues, médecin, et me demanda d'aller la voir. Elle n'était pas loin du cabinet médical du Dr Adahè. Elle était le médecin du personnel du consulat. Quand elle me reçut, je lui expliquai la situation et elle me dit :

— Vous pouvez retourner au consulat demain, votre visa sera prêt.

J'ai compris qu'elle a appelé le consulat avant mon arrivée.

Le vendredi après-midi, au consulat et on me remit les deux passeports avec les visas. Vous n'imaginez pas ma joie à ce moment ! Je voyais déjà ma vie en rose. J'avais l'intention de séduire Christophe et de faire ma vie avec lui. Nous prîmes l'avion le dimanche soir.

Le 27 juillet 2004, nous arrivâmes à l'aéroport de Bordeaux. Christophe nous attendait. Arrivée chez lui ; une belle maison de cinq pièces avec jardin Christophe m'installa dans une chambre et Auguste dans une autre. Nous étions arrivés juste à temps pour honorer le rendez-vous d'Auguste. Après avoir examiné Auguste, le spécialiste nous informa qu'il ne pourrait programmer l'opération parce que les oreilles étaient très infectées. Il nous prescrivit des médicaments pour traiter l'infection. Christophe avait installé une piscine et nous y jouions avec Sandrine, une voisine qui vivait en couple avec un policier. Auguste n'avait pas le droit d'y entrer à cause des problèmes liés à ses oreilles. Je faisais des petits plats africains que Christophe aimait. Il était intervenu à la Banque Postale et j'ai pu ouvrir un compte et l'hôpital avait fait le virement de l'argent que j'avais envoyé sur le compte.

Avec l'aide de Christophe, j'entamai une procédure pour prolonger mon séjour, car j'avais un visa d'un mois. Il était content de nous avoir à la maison. Il n'a pas eu d'enfants. Sa mère venait de décéder et son chien qu'il aimait beaucoup venait de mourir. Il était très attentionné à mon égard. Je lui avais fait savoir mon souhait de rester en France. Mais mon petit frère Jérémie ne voulait pas que je reste dans la maison de Christophe. Il m'a demandé de rejoindre une de ses amies en région parisienne. Une semaine avant l'expiration de notre visa, nous avons emménagé chez Béatrice à Garches. C'est un studio d'environ 20 m2. Pour quatre personnes, c'est très petit. Béatrice est une Béninoise qui vit en France depuis plusieurs années, mais n'a pas encore ses papiers. L'appartement dans lequel elle habite est au nom d'une autre Béninoise qui s'appelle Solange, qui n'avait pas de papiers non plus, mais détenait, circulait et travaillait avec le papier d'une autre personne qui est Française. Béatrice travaille au noir dans une boulangerie à Paris. J'ai pris contact avec Roméo, le petit frère d'Arcadius qui habitait Fontenay-le-Fleury avec sa femme, une Française originaire du Portugal. Il me dit :

— Je ne peux pas t'héberger, je vis dans un deux-pièces avec ma femme qui a un garçon de dix ans.

Avec ses conseils, j'ai pu obtenir une assistante sociale à la mairie de Fontenay-le-Fleury et j'ai pu avoir un rendez-vous à l'hôpital du Kremlin-Bicêtre à Paris. C'est le docteur Lemaire qui nous a reçus ; il nous a dit la même chose que le docteur précédent.

Dès mon arrivée, Béatrice m'avait emmenée chez un de ses cousins nommé André, à Saint-Rémy Les-Chevreuse. André était marié à une Française, ils avaient une fille âgée d'environ 6 ans. Comme je sais faire les tresses, elle m'a demandé de tresser la fille. Avant de les quitter, André prit mon numéro de téléphone. Il m'a appelée le lendemain pour me dire que je lui plaisais beaucoup, qu'il aimerait que je sois sa maîtresse. Sur le champ, je refusai. Mais quand j'en parlai à Béatrice, elle me dit : « Tu as de la chance. Tu viens d'arriver et tu trouves un homme qui va t'aider. Il va prendre un studio pour toi et va t'aider financièrement. » De l'argent que j'ai récupéré de l'hôpital, il ne restait pas grand-chose. J'ai même vendu à Roméo, le petit frère de Arcadius, une de mes parcelles que j'avais acquise à Cotonou, afin de continuer à payer les médicaments de Auguste et subvenir à nos besoins. Après une longue réflexion, j'ai fini par accepter la proposition d'André. Après deux mois de concubinage et trois relations sexuelles, André devint injoignable. Il ne répond plus aux messages et ne prend plus mes coups de fil. Au même moment, Béatrice fit venir deux autres hommes à la maison. En partant, l'un des deux hommes me remit son numéro de téléphone. Quand j'en informai Béatrice, elle me conseilla de sortir avec lui. Aussitôt, je compris le jeu de Béatrice : elle me présente des hommes et si je sors avec eux, elle passera derrière pour leur prendre de l'argent. André n'est peut-être pas son cousin comme elle me l'avait dit. C'est une façon de faire d'une femme une prostituée. J'étais en colère et sans rien lui dire je racontai à Solange toutes les méchancetés qu'elle disait à son sujet. Elle m'ordonna de quitter son studio.

Avec l'aide de mon assistance sociale, j'ai pu être en contact avec M. Dujon ; et avec le certificat médical délivré par Dr Lemaire, j'ai déposé une demande de séjour à la préfecture de Versailles. Quatre mois après mon arrivée en France j'ai reçu un récépissé de six mois en tant qu'accompagnatrice de malade mineur m'autorisant à travailler. Je me suis donc inscrite à l'association *Réagir* qui m'avait proposé des heures de ménages chez des particuliers. C'est en faisant les ménages que je rencontrai Mme et M. Rosenrib et Mme Lyne Barthélémy. Mais ces heures de ménages me fatiguaient beaucoup, parce que je passais plus de temps dans les transports en commun. Grâce à une amie que j'ai rencontrée aux *Restos du cœur* j'ai été embauchée en CDD à *LIDL* à 30h/semaine. J'ai alors laissé tomber les ménages. J'ai quand même gardé le ménage chez le couple Rosenrib et chez Lyne. Avec l'aide de Mme Bien-aimé, j'ai loué une chambre de 9 m2 chez un couple portugais, Mme et M. Rodriguez. Je leur payais 400 € par mois.

Au moment où j'emménageais avec Auguste, Mme Rodriguez me dit :

— Vous ne m'avez pas dit que vous avez un garçon ; comment allez-vous vivre dans une chambre aussi petite ?

— Ne vous en faites pas, on va s'arranger, lui répondis-je.

Il y avait un petit lit d'une place, une petite table sur laquelle il y était posé un micro-ondes et un petit meuble serré contre le mur dans lequel on pouvait mettre nos vêtements. Il n'y avait plus de place pour mettre un matelas gonflable. Tous les deux, on se couchait dans le lit d'une place. Auguste se couchait normalement et moi je mettais ma tête au niveau de ses pieds.

Comme LIDL ne me faisait pas un CDI dont j'avais besoin pour faire une demande de logement, Mme Bienaimé m'avait conseillé de faire une équivalence de diplôme pour suivre une formation et devenir aide-soignante. C'est bien pour l'avenir, mais le présent était très important. En plus de mes charges ici, je devais assumer l'éducation de mes deux enfants que j'avais laissés maman au Bénin. J'aurais moins de revenus pour faire face à toutes ces charges si je commençais une formation.

En 2005, l'enseigne *Super U* commença la construction de son magasin à Fontenay-le-Fleury. La maire de la commune, Mme Conort et M. Maillet, en charge du logement, ont positionné ma candidature.

À la fin de la construction, j'ai été embauchée en CDI et j'ai commencé mon vrai travail le 11 octobre 2005. J'ai pu alors constituer un dossier de logement par la suite.

Dans la maison du couple Rodriguez, il y avait deux autres locataires, une femme et un monsieur nommé François. À l'occasion du nouvel an, Mme et M. Rodriguez nous firent venir dans leur salon pour partager un repas. C'est là que je connus François, un peu plus jeune que moi et sans enfant. Il était employé par la mairie de Bois-d'Arcy et s'occupait de l'espace vert. Le lendemain de notre repas de fête, Mme Rodriguez m'avait demandé :

— Est-ce que François te plaît ? Si tu veux, il pourra t'épouser et ensemble vous pourrez prendre un appartement.

Gentiment, je lui répondis :

— François est plus jeune que moi si on se met ensemble il voudra que je lui fasse un enfant et moi je ne veux plus d'enfant, car j'en ai déjà trois.

Malgré mon CDI avec mes 35 heures hebdomadaires, j'avais gardé les heures de ménages chez Lyne et chez Mme et M. Rosenrib. Ce sont des personnes qui étaient à l'écoute de mes difficultés. Ils me donnaient beaucoup de conseils et m'aidaient financièrement. Lyne s'expatriait de temps en temps à l'étranger et je gardais son appartement avec ses deux chattes. Je faisais aussi le ménage chez Mme et M. Malivet et chez Mme et M. Marionnaud. Un jour, M. Malivet est venu me voir dans la chambre. J'ai vu la tristesse sur son visage. Je me suis dit qu'il allait m'aider à trouver un appartement rapidement. Il était membre du Conseil Général des Yvelines. Tous les six mois, je devais renouveler mon récépissé. Puis, lors d'un renouvellement, je n'avais plus eu le droit de travailler. Surprise, je demandai à la dame aux guichets :

— Madame, il y a une erreur sur le récépissé. J'ai toujours eu le droit de travailler, mais celui-ci ne m'autorise pas de travailler.

Elle me rétorqua :

— Vous n'avez pas répondu à la convocation du médecin de la préfecture au sujet de votre fils.

— Je n'ai jamais eu de convocation, répondis-je.

— Si, si la préfecture vous a envoyé une convocation à votre adresse à Garches.

Je compris alors que Béatrice ne m'avait pas donné la convocation que la préfecture m'avait envoyée. J'ai aussitôt appelé M. Dujon pour le mettre au courant de la situation. Il me recommanda :

— Surtout, ne dites rien à votre employeur tant qu'il ne vous demande pas vos papiers.

Alors je continuai à travailler normalement comme si de rien n'était.

Après plus d'un an de soins pour traiter l'infection des oreilles d'Auguste, le Dr Lemaire programma une intervention sur l'oreille gauche. Il me dit :

— La plupart du temps, la première greffe ne tient pas. Il faut une deuxième voir une troisième opération pour qu'elle tienne. Et si les nerfs en dessous sont abîmés, la greffe ne tiendra pas du tout. Dans ce cas, l'enfant doit être appareillé toute sa vie.

— D'accord, répondis-je.

Je commençai à prier le Seigneur pour que la greffe tienne du premier coup. Deux ou trois semaines après l'opération, lors de la consultation, Dr Lemaire me déclara :

— Félicitation, madame, vous avez bien soigné votre fils. Les nerfs en dessous n'étaient pas abîmés. La greffe a tenu.

J'ai vu la récompense de tous les sacrifices que j'ai faits pour soigner mon fils.

J'ai remercié le docteur, mais surtout j'ai remercié le Seigneur qui avait exaucé mes prières.

Par le biais d'une amie, j'ai eu les coordonnées d'un site de rencontres. Ce n'est pas un site présent sur internet. On ne pouvait contacter les personnes qui gèrent ce site que par courrier. C'était un site de rencontres très sérieux.

Après avoir constitué un dossier et choisi mes critères de sélection, j'ai reçu 3 appels téléphoniques. Mon cœur m'avait dit de choisir la première personne qui m'a appelé. Il s'appelle Denis et habite à Marçon, une petite commune dans le département de la Sarthe. Il a 44 ans et est père de cinq enfants. Divorcé, il a eu la garde de 3 enfants. C'est un ferrailleur : il fait l'assemblage des fers pour la construction des chantiers. Deux semaines après notre conversation téléphonique, il est venu me rendre visite. Je ne voulais pas un mariage d'intérêt. Je voulais un mariage d'amour. Physiquement, il me plaisait. Trois semaines après, il a fait venir ses enfants. Deux mois après, je suis allé voir où il habitait : un petit pavillon. Trois mois après, nous avons décidé de vivre ensemble.

Il était au courant de mes problèmes de papiers. Pour moi s'il a décidé que je le rejoigne, c'est qu'il allait faire le nécessaire pour que je sois régularisée. Nous avons décidé que je démissionne de *Super U* et que je le rejoigne. Il y a un hypermarché *Leclerc* à une vingtaine de kilomètres de Marçon où il m'avait dit que j'allais travailler. Quatre mois après notre rencontre j'ai donné ma démission. J'avais un an et demi d'ancienneté au *Super U*. Mes collègues de travail prétendaient que c'était une erreur que je commettais. Mais dans ma tête, je pensais que cela ne pouvait pas ne pas marcher entre Denis et moi. Je pensais qu'on allait former la famille recomposée la plus enviée de la France.

La plupart de mes amis trouvaient que notre décision était précipitée. Lyne m'avait dit :

— Si jamais ça ne marche pas entre vous et que tu as des difficultés, n'hésite surtout pas à m'en parler.

Une semaine après avoir déposé ma lettre de démission, je reçus un courrier de la société de HLM Opievoia. Le courrier me notifiait qu'un F3 m'avait été attribué et que j'avais deux mois pour accepter et constituer le dossier d'acceptation. Après deux mois, la proposition ne serait plus valable. Je ne me voyais pas revenir sur les engagements que j'avais pris avec Denis. Et je n'ai rien dit à personne. Après le mois de préavis au Super U, Denis est venu nous chercher. C'était un dimanche ; Mme Bienaimé est venue nous dire au revoir. Après avoir chargé la voiture et sur le point de partir, Mme Bienaimé s'approcha de Denis et lui dit :

— Prenez bien soin d'elle, c'est une femme formidable.

Elle nous embrassa et nous sommes partis. Sur la route, Auguste n'avait pas parlé. Il venait d'avoir sa deuxième opération et était très fatigué. Il avait encore les bandages autour de sa tête. On devait revenir deux semaines après pour une consultation. Mais je pensais qu'il était triste parce qu'il quittait le lycée en pleine année scolaire en laissant son meilleur ami Georges.

L'aîné de Denis, majeur, et son troisième enfant habitaient chez leur maman. La cadette et les deux autres garçons habitaient à la maison.

C'était une maison en duplex. Il y avait trois chambres en haut. Les filles occupaient une chambre, les garçons, une autre et Denis et moi occupions la troisième. En bas, il y avait le séjour, la salle à manger, la cuisine et le garage. Au-dessus du garage, il y avait une cave. Mon fils a rejoint les garçons dans leur chambre. Trois garçons dans une chambre, c'était beaucoup. Mais je pensais que quand je vais commencer à travailler on allait déménager pour avoir une maison plus grande, où Auguste pourrait alors avoir sa chambre.

Mais le récépissé de six mois que je possédais ne m'autorisait pas à travailler. Quand j'ai constitué un dossier au pôle emploi pour bénéficier de l'allocation au chômage, on m'avait répondu que je n'y avais pas droit parce que j'avais démissionné de mon travail précédent.

Auguste a été scolarisé dans un lycée au Château-du-Loir, à une vingtaine de kilomètres de Marçon. Tous les matins, Denis emmenait les enfants au collège et au lycée. De temps en temps, j'allais les prendre avec la voiture qu'il avait achetée pour moi pour effectuer les allers-retours entre Marçon et Château-du-Loir, où résidaient son ex-femme et son compagnon. Avec mon permis béninois, la préfecture m'avait autorisée à conduire dans le département de la Sarthe.

Le benjamin avait 5 ans et était scolarisé dans une école à Marçon. J'allais le récupérer vers 17 h. On allait se promener près des lacs et dans les forêts. Mais Auguste ne venait jamais avec nous. Il descendait de la chambre juste pour manger. Je voyais que mon fils ne se sentait pas bien. Je faisais le ménage, préparais les repas et allais chercher les enfants.

Quand j'ai dit à Denis que j'étais asthmatique et que je ne supportais pas la fumée de cigarette, il a arrêté rapidement de fumer. J'ai beaucoup apprécié cet effort qu'il avait fait. Sa fille Melinda, âgée de 15 ans, fumeuse, ne fumait plus à la maison, ce qui m'avait fait très plaisir. Tous les samedis, on emmenait les enfants chez leur maman. On y restait tout l'après-midi. Quand arrive l'heure de rentrer, Denis traîne. J'ai l'impression qu'il ne veut pas rentrer du tout.

Au fil du temps, je me rends compte que Denis avait toujours des sentiments pour son ex-femme. Même le compagnon de la femme l'avait remarqué. Alors un jour, je lui demande :

— Es-tu encore amoureux de ton ex-femme ?

— Non, pourquoi tu me demandes ça ? répondit-il

— Tu vois comment tu te comportes quand on veut rentrer à la maison ?

— C'est pour les enfants, ne te fais pas des idées.

Alors je me tais et ne dis plus rien.

Denis m'avait permis de mettre mon oratoire dans notre chambre pour ma prière. Tous les soirs, je monte dans notre chambre avant lui pour prier. Dès fois je ne sais même pas quand il vient se coucher.

De temps en temps, on reçoit la visite de Cédric, un de ses neveux qui a l'âge de son fils aîné. Cédric reste jusqu'à très tard dans la nuit. Il avait un scooter. Je vois son arrivée, mais jamais son départ. Un jour, j'ai décidé de rester en bas jusqu'à son départ. Vers 23 h, je remarque que Denis a commencé à renfrogner la mine. Quand j'ai demandé ce qui se passait, il a été désagréable avec moi. Tous les enfants dormaient. Vers minuit, Cédric rentra chez lui. Je compris ce soir-là qu'entre Denis et Cédric il se passait quelque chose.

Le lendemain, j'ai poussé ma curiosité. J'ai posé plein de questions à Mélinda concernant Cédric. Puis finalement, elle a rajouté :

— Papa n'aime pas mon petit ami, je n'ai pas le droit de le faire venir à la maison, mais Cédric peut venir quand il veut parce que papa couche avec lui.

— Ah bon ! Ton papa couche avec Cédric ? redemandais-je.

— Oui, c'est la raison pour laquelle maman est partie, ajouta-t-elle.

Péniblement, je me dis :

— Comment peut-il jouer ainsi de mon avenir ? Non seulement il a toujours des sentiments pour son ex-femme, mais en plus il couche avec un garçon.

Ce n'était surtout pas une situation dans laquelle je me voyais évoluer. Alors j'ai appelé Lyne pour tout lui expliquer. Lyne me dit :

— Si tu veux revenir en région parisienne, je peux t'héberger le temps que tu trouves du travail et un logement.

J'ai accepté la proposition de Lyne. Le soir de notre conversation téléphonique, j'ai dit à Denis :

— C'est pour me faire vivre une situation pareille que tu m'avais fait démissionner de mon travail ?

— De quoi parles-tu ? me répondit-il.

Après l'avoir mis au courant des faits que je savais, je lui ai dit :

— J'ai décidé de retourner en région parisienne. Je vais laisser Auguste finir sa scolarité, je laisserai mes affaires et quand j'aurai un appartement tu me les ramèneras.

— Mais tu vas habiter où ? demanda-t-il.

— Ça ne te regarde plus maintenant, répondis-je.

Trois mois après une vie commune avec Denis, je suis revenue en région parisienne. Lyne m'a accueillie dans son appartement, un deux-pièces. J'ai pris très peu d'affaires parce que je ne voulais encombrer l'appartement de Lyne. J'ai repris contact avec M. Dujon et ensemble on a entamé une procédure pour retrouver l'autorisation de travailler. Je devrais prendre un avocat. En réalité, la préfecture était en tort : quand j'avais quitté Garches, j'avais signalé mon changement d'adresse, mais elle n'en avait pas tenu compte en envoyant le courrier. Le directeur du supermarché Super U m'avait envoyé un courrier précisant qu'il était prêt à me réembaucher dès que je justifierais d'une autorisation de travailler. Mme Conort adressa également un courrier au préfet de Versailles. Dr Lemaire avait aussi établi un certificat médical.

Monsieur Dujon m'a donné l'adresse de RIVE, une maison qui reçoit les femmes et les enfants mineurs. On pouvait y manger, faire la lessive, faire des jeux et même prendre une douche. On pouvait également y stocker ses affaires. Mme Bienaimé m'avait envoyée chez Mme Briand, une personne âgée chez qui je faisais le ménage et plus souvent le jardinage. Âgée de 90 ans, elle avait encore toute sa tête en place et surtout une énergie inégalable. Elle m'avait appris à planter des pommes de terre, des poireaux, des tomates et du haricot vert. Dans sa maison, il y avait des poiriers, des pommiers et un mirabellier qui donnait des fruits bien juteux et bien sucrés. Après le travail, elle me donnait de temps en temps des fruits et des légumes. Elle me payait 10 € l'heure. Je passais mes journées entre Rive et la maison de Mme Briand. C'était une très belle expérience. Je me couchais dans le même lit que Lyne. Pour moi, c'était un privilège. J'ai fait des démarches pour intégrer la chorale de l'église Notre-Dame de Versailles sans succès.

Quand Auguste est arrivé, Lyne a acheté un fauteuil qui se transformait en petit lit et il pouvait y dormir au salon. Auguste a été scolarisé au lycée Jules Ferry à Versailles.

Lyne n'avait plus de contact avec son père et sa sœur depuis plusieurs années. Sa mère avec qui elle était en bon terme mourut très tôt. Elle n'a pas voulu avoir d'enfant. Après de longues années de mariage, son mari a décidé de divorcer. Elle était en instance de divorce au moment où je suis rentrée chez elle. Elle était triste. Difficilement, elle se levait pour aller travailler. Elle ne voulait pas divorcer. Mais son mari était parti vivre avec une femme originaire de l'Afrique du Nord qui avait 3 enfants. Je me suis demandé à plusieurs reprises ce que je pouvais faire pour contribuer à son bonheur. Un soir, je lui ai proposé d'adopter Régis, mon troisième garçon qui était au Bénin. J'ai remarqué que ma proposition lui faisait plaisir. Le lendemain, elle était de très bonne humeur. Elle s'était préparée rapidement pour aller travailler, ce qui n'était pas le cas avant. Elle disait même : « Je préfère passer mes journées dans mon lit avec mes minettes que d'aller travailler. » Mais ce matin-là, elle était plus que motivée. Régis avait 11 ans. Mais le soir, quand elle rentra, j'ai retrouvé la tristesse d'avant sur son visage. Depuis, elle n'a plus parlé de cette adoption. Moi non plus je ne suis pas revenu sur ça.

J'ai remarqué que plus les jours passaient, plus elle s'étouffait. Je ne comprenais plus rien. Pendant les grandes vacances, Mme Beaugrand, la maman de Mme Rosenrib, nous a demandé, à Auguste et moi de venir passer un mois dans sa grande maison à Villennes-sur-Seine. Elle partait en vacances à Aix-en-Provence, et ne voulait pas laisser la maison sans surveillance. Alors pour laisser Lyne respirer un peu, nous sommes allés à Villennes-sur-Seine.

La procédure prenait plus de temps que nous l'avions imaginé et je commençais à me demander s'il ne fallait pas retourner au Bénin et laisser Auguste. Mais finalement avec les instructions de M. Dujon ; j'ai pu déposer un dossier constitué essentiellement de :

– La recommandation de Mme Conort au préfet ;

– L'engagement du Directeur de Super U ;

– Le certificat médical du Dr Lemaire ;

– Et l'expertise établie par médecin de la préfecture sur l'état des oreilles d'Auguste que je n'ai pas eu en main propre.

ville de fontenay-le-fleury

Fontenay-le-Fleury, le 14 septembre 2007

Préfet des Yvelines
Préfecture des Yvelines
1 rue Jean Houdon
78010 VERSAILLES CEDEX

Secrétariat des Elus
Nos réf. : DC/CAM n° 57

Monsieur le Préfet,

Par la présente je viens solliciter pour Madame Dide Adelaïde l'autorisation de travailler. En effet, elle a déjà bénéficié de cette autorisation et pendant cette période a été totalement indépendante financièrement.

Les services sociaux m'ont alertée de ses difficultés, aujourd'hui. Elle est très volontaire et semble avoir à cœur d'être autonome.

En effet sa démarche d'intégration était réelle et aujourd'hui elle se retrouve dans l'obligation de faire appel à des tiers pour vivre.

Son ancien employeur est prêt à la reprendre dès que cette autorisation lui sera accordée.

En vous remerciant de l'attention que vous pouvez donner à cette demande, je vous prie d'agréer, Monsieur le Préfet, mes salutations distinguées.

ASSISTANCE PUBLIQUE HÔPITAUX DE PARIS

BICÊTRE

CENTRE HOSPITALIER
UNIVERSITAIRE DE BICÊTRE
Secteur Paul Broca

78, rue du Général Leclerc
94275 LE KREMLIN BICÊTRE Cedex
Tél. : 01 45 21 21 21

Madame YEYI

SERVICE D'OTORHINO-LARYNGOLOGIE
ET DE CHIRURGIE
DE LA FACE ET DU COU

Chef de Service
Pr S. BOBIN

Praticien Hospitalier
Dr C. NOWAK

Chefs de Clinique - Assistants
Dr B. LEMAIRE
Dr J-B. CHARRIER

Attachés
Dr A. BRUNAUD
Dr P. GIRARD
Dr P. HALIMI
Dr B. LAMBLIN
Dr I. KERUBIEN-LERRET
Dr T. ROUSSELET
Dr B. VERICEL
Dr J. ZERBIB

Chirurgie Plastique et Maxillo-Faciale
Dr E. RACY

Allergologie
Dr L. DARDARE

Phoniatrie
Dr G. CHEVAILLIER
Dr A. EVENNOU

Orthophonie
A.M. RUTIN

UNITE D'EXPLORATIONS FONCTIONNELLES

Consultation Bâtiment P. TESTAS

Hospitalisation adulte (Secteur P. BROCA)

Hospitalisation enfant (Secteur J. PARROT)

Bureau des Rendez-vous

Liste des E-mail du service

CERTIFICAT

Je soussigné, Docteur   Chef de Clinique Assistant dans le Service ORL et de Chirurgie Cervico-Faciale de l'Hôpital Universitaire de Bicêtre, certifie que l'enfant **Auguste Fortuné YEYI SEHUENOU** né le   , suivi depuis novembre 2004, a bénéficié d'une tympanoplastie bilatérale en février 2006 et janvier 2007. Actuellement, les 2 tympans sont fermés, propres et secs avec un bon résultat auditif. On doit s'assurer de la stabilité du résultat avec un rendez-vous de consultation de contrôle dans un an impératif afin d'éviter toute récidive de l'otorrhée. Auguste doit être accompagné de sa mère durant cette période de surveillance.

Certificat établi à la demande de la famille pour servir et faire valoir ce que de droit et remis en mains propres.

Bicêtre, le 19 juin 2007

FT/

SUPER U

SAS. DECRE

MELLE DIDE ADELAIDE

Fontenay-le-Fleury, le 04 septembre 2007

Madame,

Nous avons le plaisir de vous confirmer que notre société est prête, sous condition que vous nous justifiiez être titulaire d'un titre valant autorisation de travail dans un délai de 1 semaine à compter de la présente lettre, compte tenu de votre nationalité Beninoise ; à confirmer votre engagement en qualité d'hôtesse de caisse coefficient 2B selon la convention collective nationale des Commerces de gros et de détail à prédominance alimentaire, pour une durée déterminée de 3 mois, et ce, sous réserve, des résultats de la visite médicale d'embauche.

Dès réception du justificatif de votre autorisation de travail, à condition d'en justifiez dans le délai ci-dessus nous vous proposerons la signature d'un contrat de travail aux conditions suivantes :

- L'embauche définitive sera précédée d'une période d'essai au cours de cette période, le contrat pourra être rompu sans indemnité et sans préavis par l'une ou l'autre des parties.

La convention collective nationale des Commerces de gros et de détail à prédominance alimentaire et le règlement intérieur de notre société dont vous avez pris connaissance définiront les conditions d'exécution et de cessation de votre contrat de travail.

- Vos fonctions seront les suivantes : HOTESSE DE CAISSE niveau 2
- Votre rémunération brute mensuelle sera de : 1 340 € bruts
- Vous serez soumise à la durée conventionnelle du travail prévue dans l'entreprise.

Veuillez agréer, Mademoiselle DIDE nos sincères salutations.

Ainsi avec la défense d'un avocat j'ai pu obtenir un récépissé de six mois m'autorisant à travailler.

Je ne me voyais pas reprendre mon emploi au Super U de Fontenay-le-Fleury. J'avais honte. Je serai mal à l'aise face aux critiques que feraient mes anciens collègues au sujet de mon aventure avec Denis. Je déposai donc ma candidature dans un autre Super U et à Leclerc.

C'était Super U qui m'avait appelé en premier. Après un entretien musclé, la responsable des caisses m'avait fait signer un CDI. Je précise « musclé » parce que Simone, la responsable des caisses, voulait savoir pourquoi je n'avais pas travaillé pendant plus d'un an.

Tout juste après avoir signé mon contrat de travail, Lyne m'avait demandé de chercher un logement. Je n'avais même pas reçu mon premier salaire. J'étais très surprise. Je n'avais pas la possibilité de louer dans le privé et il fallait un garant. Lyne avait voulu volontairement être ma garante. Alors j'avais commencé à chercher puis avais finalement trouvé un studio. Brusquement, Lyne m'annonça qu'elle ne pouvait plus se porter garante pour le logement. Je ne voulais pas louer dans le privé parce que je savais que je ne pourrais pas faire face aux charges. J'étais prête à participer aux charges de la maison. En même temps, je me disais que ce revirement de situation ne provenait pas d'un problème financier. Avec Anne, la responsable de RIVE, nous avons appelé les hôtels environnants et c'était ainsi que j'ai loué une chambre à l'hôtel de l'Espérance dans le quartier Saint-Louis de Versailles. Je devais payer huit cents euros par mois alors que je gagnais mille deux cents euros.

Lyne, avec sa petite voiture, nous avait aidées à faire l'emménagement à l'hôtel. Finalement, nous sommes restés onze mois chez elle. Son attitude m'intriguait et je me posais beaucoup de questions. Je me demandais ce que je pouvais faire pour la rendre heureuse. Deux fois par semaine, j'allais passer l'aspirateur dans son appartement. Parce que les chattes laissaient tomber beaucoup de poils dans le lit et partout dans l'appartement, et une fois toutes les deux semaines je faisais le ménage. J'avais gardé les heures de ménage chez Mme Briand qui continuait à me payer au noir et chez deux autres personnes. Avec l'argent, j'arrivais à assumer les études de Besnose et de Régis au Bénin.

Après six mois d'emploi en tant qu'Hôtesse de caisse, Simone m'avait proposé de passer à l'accueil. J'étais très contente. Mais cette promotion suscita beaucoup de jalousie. Mes collègues de travail qui étaient là longtemps avant moi ne me voyaient plus d'un bon œil. Mais Simone me disait de ne pas faire attention à cela. Je m'appliquais et m'investissais beaucoup dans mon travail et je prenais toujours mon travail en avance.

Après sept mois à l'hôtel, la mairie me fit entrer dans une passerelle. C'est un logement qu'on occupait avant l'attribution d'un HLM. C'était un grand deux-pièces meublé : un lit dans la chambre qu'occupait Auguste, un lit au salon, un petit coin de cuisine avec un réfrigérateur et tout le nécessaire pour faire la cuisine. Je payais quatre cent vingt euros toutes charges comprises. Financièrement, j'étais soulagée.

Un jour, je reçus un message sur mon répondeur me précisant : « C'est Leclerc, si vous êtes toujours à la recherche d'un travail, contactez-nous à ce numéro. »

Mais je n'ai pas donné suite à ce message. J'étais bien au Super U. Et surtout, je me disais que je n'aurais pas la chance d'être embauché en tant qu'Hôtesse d'Accueil comme au Super U. En plus, mes collègues de travail s'étaient calmées. Elles me proposaient même de me ramener à la gare après le travail. Quand je finis à 20 h 30, je devais prendre deux correspondances. Avec leurs aides, je ne prenais qu'une.

J'étais restée un peu plus d'un an dans la passerelle. Puis la société de HLM Logirep m'a attribué un trois-pièces en duplex. J'ai intégré l'appartement le 10 octobre 2009. J'avais organisé une petite fête et avais invité quelques personnes de la mairie qui ont pu découvrir la cuisine béninoise. Elles étaient très contentes.

À l'Office Française de l'Immigration et de l'Intégration, on m'avait conseillé de faire venir mon enfant mineur par regroupement familial. Régis avait 13 ans. Alors je me suis pressée pour constituer le dossier.

Accompagné de son grand frère Besnose, Régis a déposé le dossier au consulat de France au Bénin. Le Consul avait demandé une autorisation parentale de son père, mais ce dernier a refusé. Je ne comprenais pas les raisons de ce refus puisque Régis vivait avec ma maman et Michel ne contribuait même pas à son éducation. Je l'ai alors appelé pour le supplier. Mais il est resté sur sa position. Aujourd'hui, Régis a 28 ans, il a une licence en Informatique et je peine à le faire venir. Je suis Française et mon fils ne peut même pas venir en vacances en France parce que, après avoir demandé mes relevés de comptes, les autorités du consulat de France au Bénin estiment que je n'ai pas les moyens de le prendre en charge même pendant un mois.

Quand je vois le nombre de jeunes qui cherchent à venir en France ou aller aux États-Unis, des fois au risque et péril de leur vie pour fuir la misère de leur pays, je me dis qu'un père qui aime son fils ne peut pas le priver d'une opportunité pareille.

Le fils cadet de mon frère Maxime était tombé malade. Des propos bizarres sortaient de sa bouche et il avait tout le temps envie de courir dans toute la ville de Cotonou. Ce genre de pathologie, les médecins l'appellent « la folie. » C'est souvent un mauvais sort qu'un sorcier jette sur la personne. Alors on a commencé à prier et à jeûner. Le pasteur et les membres du groupe de prière nous accompagnaient dans notre combat. Dès la première neuvaine, l'Esprit Saint ordonna la destruction de l'oratoire imposant qui se trouvait dans la chambre qu'occupaient les parents de l'enfant. Malgré les prières et le jeûne, l'enfant présentait toujours les symptômes. À la fin d'un énième jeûne, l'Esprit Saint ordonna que les parents se rendent à l'église pour la prière finale. Au moment de celle-ci, ma petite sœur, Géraldine, se présenta devant une personne, sans savoir ce qu'elle faisait, elle commença à hurler ces paroles :

— Mais c'est toi qui es à l'origine du mal dont souffre l'enfant. Si tu veux qu'il guérisse, alors c'est toi qui vas le délivrer.

Tout le monde s'est regardé et Géraldine est revenue dans son état normal. C'est à cet instant que tout le monde a su d'où venait le mal de l'enfant. L'Esprit Saint est demeuré sur Géraldine et l'a éclairé tout le temps. C'était ainsi que le visage de certaines personnes a été dévoilé : les oncles et les tantes de notre famille, des personnes de l'église qui prétendent suivre Jésus, mais en réalité sont des sorciers, des religieuses et même des prêtres qui mettent Dieu devant et derrière leurs soutanes il y a d'autres dieux.

Je n'allais pas souvent en vacances. En 2009, j'ai eu la chance de trouver un billet moins cher et je suis parti en vacances au Bénin. J'étais très contente de retrouver ma famille. Dès ma descente au Bénin, ma sœur me dit :

— L'ange m'a demandé de jeûner dès lundi, mais comme tu es là je n'ai pas envie de le faire. Je suis en joie et j'aimerais profiter de ta présence pour te préparer de bons petits plats qui t'ont probablement manqué tout ce temps.

Alors le lundi, nous avons mangé normalement. Le soir même, ma sœur me dit :

— L'ange m'est réapparu et m'a ordonné de jeûner impérativement. C'est au sujet de Besnose.

Nous avons donc commencé le jeûne le mardi. Géraldine avait opté pour le jeûne sans sel : pendant 9 jours, elle ne devait pas manger ni des légumes ni d'autres repas contenant du sel ; elle ne prendrait que des fruits et du laitage. Moi j'optais pour le jeûne classique : pendant 9 jours, je ne mangerai que le soir après le coucher du soleil. Après trois jours de jeûne, ma sœur me dit :

— Tu sais qui j'ai vu en esprit ?

– Non, répondis-je.

— Michel et Joséphine ; Michel m'a dit que Besnose est son fils et qu'il peut faire ce qu'il veut de lui. Que ça ne me regarde pas. Et je lui ai répondu que Besnose est l'enfant de ma sœur et que j'ai le devoir de le protéger.

Besnose a eu un parcours scolaire normal. Il n'a jamais redoublé une classe jusqu'à l'obtention du baccalauréat. Il s'est inscrit dans une Université privée pour suivre une formation de Banques et Finances. Après trois années d'études, il a échoué à son examen de licence. Au moment où j'étais au Bénin, il allait reprendre sa licence.

Géraldine est restée calme un instant et finit par ajouter :

— Tu sais ma sœur, pour faire du mal à quelqu'un, les sorciers font des rituels et posent des pions. Mais le Seigneur nous donne le pouvoir de détruire ce qu'ils ont fait par le jeûne et la prière. Comme Michel a vu que ce qu'il avait fait à son fils était en train d'être détruit, il a décidé de se présenter en esprit devant la personne qui contrecarrait ses plans pour lui ordonner de cesser immédiatement. Ce qu'il ne savait pas, c'est que cette personne était son ex-belle-sœur.

C'est ainsi que le vrai visage de Michel a été dévoilé : c'est un sorcier.

Je ne le juge pas ; il a le droit de faire ce qu'il veut de sa vie ; mais qu'il ne fasse pas du mal à mes enfants.

Besnose a passé son examen. Quand les résultats sont tombés, j'étais de retour en France. Une fois encore, Besnose n'avait pas reçu sa licence.

J'investis beaucoup d'argent pour que mes enfants réussissent leur vie et lui il fait tout pour bloquer leur évolution et leur réussite. Sous le coup de la colère, j'appelai Michel et lui dis :

— De toutes les belles choses qu'il y a sur cette terre, tu n'as trouvé que la sorcellerie à prendre. Ne constitue pas un obstacle pour l'évolution de mes enfants.

Il m'a répondu :

— Ce que tu viens de dire, tu vas le regretter.

Aujourd'hui, Besnose a eu sa licence et a pu trouver un emploi.

Dans mon travail, j'étais très appréciée de tout le monde, surtout par le personnel de la direction. Même le propriétaire du magasin qui passait de temps en temps avait de l'estime pour moi. C'était prévu que je passe au coffre. Il y avait aussi une bonne entente entre mes collègues. Avec Cheni, on était plus que collègues. Cheni est une Chinoise qui a épousé un Français. De temps en temps, je les invitais à la maison pour découvrir la nourriture béninoise et réciproquement elle m'invitait chez elle pour que je découvre la cuisine chinoise.

Avec les conseils de M. Richter, le directeur a fourni tous les papiers pour obtenir ma régularisation en tant que salariée étrangère. J'ai pu obtenir ma carte de résident assez rapidement. Je me voyais prendre ma retraite dans ce Super U. Je me sentais redevable à ce Super U. C'était aussi l'une des raisons pour lesquelles je n'avais pas répondu à l'appel de Leclerc. Mais après quatre ans, l'ambiance a changé. Le directeur est parti dans un autre magasin et Simone a pris sa retraite.

Au Bénin, tous les sorciers dont le visage a été découvert voulaient la tête de ma sœur. Un jour, elle m'appela et me dit :

— Reste en prière pour moi, il y a quelques jours dans mon sommeil la nuit, j'ai senti un filet de pêche tomber sur ma poitrine et depuis j'ai du mal à respirer. Je tousse et je n'arrive pas à manger correctement.

Je lui répondis :

— Ne t'inquiète pas, tu es dans de bonnes mains. Ils vont te faire souffrir, mais ils ne pourront pas te tuer.

Mais les mois passaient et l'état de santé de ma sœur se dégradait. Un jour, elle m'appela et me dit :

— L'ange m'a chargée de te conseiller de ne plus rentrer avec les collègues de ton travail qui te ramènent le soir.

Je ne lui avais pas dit auparavant que des personnes me conduisaient chez moi après le travail. Comment l'a-t-elle su ? Donc les anges et la vierge Marie lui parlaient vraiment. J'ai alors suivi les recommandations de l'ange. Je trouvais des prétextes pour rentrer seule. Dès l'arrivée du nouveau directeur, M. Hiler, l'ambiance n'était plus la même. La nouvelle responsable des caisses, Monique, une collègue qui était à l'accueil, qui as été formée pour prendre la relève après Simone, me regardait d'un mauvais œil. J'avais gardé mon amitié avec Cheni. Avec elle, je pouvais rentrer. J'avais remarqué que plusieurs employés me regardaient avec mépris. En particulier le grand frère du nouveau directeur, qui travaillait dans le rayon liquide.

Au Bénin, la santé de ma sœur se dégradait. Les médecins ont fait toutes les analyses et ils n'ont pourtant rien trouvé. Comme elle toussait et maigrissait, ils la mirent sous traitement contre la tuberculose. Dès fois quand je l'appelais elle n'avait pas la force de parler. Elle décrochait juste le téléphone et j'entendais le pasteur prier, tellement elle était faible et elle souffrait. J'avais envie de la voir, mais je n'avais pas les moyens d'acheter le billet d'avion.

Une dame est venue faire de l'animation sur le café au Super U. On a sympathisé et le dernier jour de son animation elle me remit ses coordonnées et me dit :

— J'avais travaillé à Air France ; si un jour vous voulez partir chez vous, faites-moi signe et je vous trouverai un billet moins cher.

Je lui ai répondu :

— C'est Dieu qui vous a mise sur mon chemin. Ma sœur est malade et j'aimerais aller la voir, je vous appellerai très vite.

J'ai rapidement posé mes vacances qui ont été accordées. Je l'ai contactée et elle m'avait trouvé un billet Paris-Cotonou, Cotonou-Paris pour 300 €. Du jamais vu pour moi.

Quand j'ai vu ma sœur, je n'ai pas pu retenir mes larmes. Je pleurais à chaudes larmes en la serrant très fort dans mes bras. Quelques minutes après, maman me dit :

— Ne pleure pas, ma fille, le pire est derrière nous maintenant ; il y a quelques semaines, ta sœur ne pouvait même pas se tenir debout, mais Dieu l'a ressuscitée.

Ses paroles m'avaient réconfortée. Ma sœur qui pesait 80 kg pour 1,65 m ne pesait pas plus que 45 kilos. Maman ajoute :

— Elle mange un peu maintenant et elle a pris quelques kilos.

Je commençais à lui préparer des plats riches en protéines et en calcium. Elle aimait beaucoup le piron rouge avec le croupion de dinde qu'une femme vendait au coin de la rue où on habitait. Un jour sur deux ou sur trois, je lui en achetais. Elle commença vraiment à reprendre des forces. Tous les matins, elle allait au centre de santé pour prendre son traitement contre la tuberculose. On était très complice. Ma couleur favorite est le jaune, plus précisément le jaune or. Un jour, je demandais à ma sœur :

— Pourquoi aimes-tu la couleur bleue ?

— J'aime la couleur bleue parce que c'est la couleur de la vierge Marie, répondit-elle.

— La vierge Marie et les Anges que tu vois sont noirs comme nous ou blancs comme les Européens, demandai-je.

Elle m'a regardée, puis en souriant, elle m'a dit :

— Je ne vois pas la couleur de leur peau.

Cela m'avait ramenée quelques années en arrière quand je fis un rêve et je vis Jésus en tunique blanche : je n'avais pas vu sa couleur de peau.

Une semaine avant mon retour en France, ma sœur me dit :

— Là où tu travailles, les gens ne veulent pas que tu reviennes.

J'ai rigolé en disant :

— Ah bon, ils ne peuvent rien contre moi.

Les jours passaient et ma sœur était de moins en moins bavarde. Je voyais la tristesse sur son visage. Je me disais que c'était mon retour qui la rendait triste. Ce jour arriva. Je pressentais quelque chose, mais je ne pouvais dire quoi. Je devais être à l'aéroport vers 20 h pour faire enregistrer mes bagages. Elle a discuté au téléphone et m'a dit :

— Ton taxi sera là vers 19 h.

Dans la chambre où j'étais logée avec maman, il y avait une fenêtre ouverte sur une chambre inachevée. Elle n'avait pas de toit. À 19 heures, pile ; je dis « pile » parce qu'à 19 h, le muezzin chante pour annoncer le début de la prière des musulmans. Dès le début du chant, j'ai vu ma sœur faire face à la fenêtre et regarder l'espace vide à côté de la chambre. J'avais l'impression qu'elle parlait avec des personnes que je ne voyais pas. Je n'osais pas l'interrompre. Environ deux minutes après, elle s'était retournée et s'était dirigée vers moi en souriant. Je vis du sang sortir de sa bouche ; je l'ai prise dans mes bras et en même temps j'avais entendu une forte expiration. J'ai crié très fort et j'ai appelé maman qui était dans la cour de la maison. Elle arriva aussitôt et m'avait aidée à l'allonger par terre en tenant son torse et sa tête sur ses jambes. Je ne savais pas quoi faire. Ce n'est pas comme en France où je pouvais appeler rapidement le 15.

Aidée par Besnose, nous l'avons mise dans le taxi qui attendait pour m'emmener à l'aéroport et nous sommes allées à l'hôpital où elle prenait ses soins contre la tuberculose. La dame qui nous avait reçues, après l'avoir examinée, nous a dit :

— Elle n'est plus là ; je l'ai vue ce matin ; après avoir pris son traitement, elle est restée longtemps sur le banc à côté et elle a beaucoup pleuré. Elle savait sûrement qu'elle allait partir.

— Elle n'est partie nulle part, elle va revenir à la vie, répondis-je.

Nous étions retournées à la maison. Maman pleurait. Mais moi non. J'étais sûre qu'elle allait revenir à la vie. Après l'avoir installée, maman assise par terre gardant le haut de son corps contre elle, elle gémissait et pleurait en disant au Seigneur :

— Comment peux-tu permettre qu'on frappe ma fille de cette façon ?

— Ne t'inquiète pas maman, elle va revenir à la vie. Ils ont fait cela pour me bloquer au Bénin.

Le billet d'avion que j'avais n'était ni échangeable ni remboursable. Si je ne prenais pas l'avion ce soir-là, j'allais devoir prendre un autre billet ; et je n'en avais pas les moyens. Alors je dis à maman d'invoquer le sang de JÉSUS sur elle et à mes enfants de lire le chapelet. J'avais pris le taxi pour me rendre à l'aéroport. Aux environs de 23 h avant le décollage de l'avion, j'ai appelé maman qui me dit :

— Non, elle n'est pas réveillée.

Je dis à maman :

— Je suis sûre que le Seigneur fera ce miracle dans ma vie ; elle reviendra à la vie.

Durant les six heures de vol, je n'ai pas pu manger ni fermer les yeux. Je lisais le rosaire et je priais le Seigneur de la ramener à la vie. Quand je suis descendue de l'avion à l'aéroport Charles de Gaulle, j'ai appelé maman qui me dit :

— Son corps a commencé à durcir et j'ai demandé à Besnose de l'emmener à la morgue. C'était comme si je recevais un couteau en plein cœur. Je ne pouvais plus me tenir debout, je pleurais à chaudes larmes et le personnel de santé est venu m'emmener à l'infirmerie. Après m'avoir examinée, l'infirmière me donna un calmant et me dit de rester allongée.

Après deux heures, elle m'a dit :

— Appelez quelqu'un qui viendra vous chercher, vous ne pouvez pas rentrer seule.

— Je n'ai que mon fils et il n'a pas de voiture.

— Alors, qu'il vienne en transport en commun, et vous partirez ensemble.

Mais en réfléchissant, j'ai appelé Cheni et j'ai expliqué la situation à son mari parce qu'elle ne parlait pas bien le français. Quelque temps après, il était venu me chercher et m'avait ramenée à la maison. Après deux semaines d'arrêt maladie, mon médecin traitant me dit :

— Je ne veux pas que vous restiez à la maison et ressassiez tout ce qui s'était passé ; j'aimerais que vous repreniez le travail, cela vous fera du bien.

Je ne me sentais pas prête à reprendre le travail. J'étais encore sous le choc. Mais j'ai quand même suivi les conseils du médecin.

Le premier jour de ma reprise, certains de mes collègues me regardaient de façon bizarre. J'attendais des condoléances de certaines personnes, que je n'ai pas reçues. Le frère de Monsieur Hiler est venu à l'accueil et m'a pratiquement agressée en me disant :

— Comme ça, on part en vacances sans rien dire à personne ?

D'un air hébété, je n'ai pas pu lui répondre. Mon collègue qui s'occupait de la location et qui était à côté de moi lui dit :

— Elle n'a pas à dire aux collègues de travail qu'elle part en vacances. C'est sa vie privée, quand toi tu pars en vacances, tu l'informes ? Laissez-la tranquille.

Le jour de l'enterrement, j'ai demandé à Besnose de m'envoyer un message à chaque étape de la cérémonie. C'était pour moi la seule façon d'accompagner son corps à sa dernière demeure. J'ai reçu un premier message :

— Nous sommes à la morgue, on va faire la levée du corps et fermer le cercueil.

J'ai commencé à lui parler comme si elle était à côté de moi. Deuxième message : « nous sommes à l'église. » Là, j'ai parlé à Dieu : « Jusqu'à aujourd'hui, j'ai toujours pensé que c'est toi seul qui as donné la vie, qui as le droit de la reprendre. Pourquoi as-tu permis que les hommes arrachent la vie à ma sœur ? »

À cet instant, je me suis dit : « Elle est bien là où elle est. » C'était un moment à la fois triste et réconfortant. Je n'ai versé aucune larme contrairement à ce que je pensais. Je revoyais tous les moments passés ensemble, notre complicité et surtout sa joie de vivre. J'étais vraiment en communion avec elle. Puis le troisième message : « Nous sommes au cimetière, le pasteur procède à la bénédiction du cercueil dans la tombe. »

À cet instant, le téléphone a sonné. C'était Michel. Après lui avoir dit « bonjour » sans m'avoir répondu, il me lança : « Comment se fait-il que tu ne sois pas à l'enterrement de ta sœur ? Ta sœur est morte et la seule chose que tu trouves à faire c'est de retourner en France. » Je ne savais pas quoi répondre. Je n'ai pas placé un mot et il a raccroché. Je me suis dit que je ne devais pas décrocher ce coup de fil. J'ai aussitôt pensé que c'est pour me faire du mal qu'il m'a appelé.

C'est ainsi que ma sœur nous quitta le 30 janvier 2012, laissant derrière elle cinq enfants : Charbel l'aînée avait 17 ans, Morel, le cadet, avait 14 ans, les jumeaux Florian et Flobert avaient 10 ans et Grâce la benjamine avait 6 ans.
Elle avait 44 ans.

Au travail, je faisais beaucoup d'efforts pour me concentrer, pour ne pas faire des erreurs. Le comportement de certains de mes collègues m'a emmené à voir qu'effectivement « là où je travaille, les gens ne veulent pas que je revienne. » Je me suis dit que les esprits avec qui ma sœur discutait face à l'horizon étaient venus pour m'arracher la vie, et qu'elle s'est sacrifiée pour me sauver la vie. Je me suis dit également que si je n'avais pas eu ce billet moins cher pour partir, ma sœur serait là. Je n'ai plus recontacté cette dame qui m'avait trouvé ce billet. Quelques semaines après, M. Hiler me fit monter dans son bureau et me dit :

— J'ai appris le décès de votre sœur, je voudrais vous présenter mes sincères condoléances.

— Merci, répondis-je.

— Si vous voulez, vous pouvez la voir et parler avec elle, lança-t-il.

— Comment je peux parler à une personne qui n'est pas de ce monde ? lui demandais-je.

— Il suffit que vous le décidiez, reprend-il.

Je lui dis alors : « Je ne veux pas la déranger ; je sais qu'elle est bien là où elle est ; ce que je dois faire maintenant, c'est de marcher sur le chemin qu'elle m'a montré pour que quand je ne serai plus de ce monde je puisse aller là où elle est. » Il m'a regardée et m'a dit : « Bon, j'ai terminé avec vous. »

Je suis descendue et j'ai repris mon travail. Plus les jours passaient, plus l'ambiance devenait invivable, et plus je me reprochais plein de choses. Je me suis surtout reproché de ne pas faire suite au message que j'ai reçu de la part du magasin Leclerc de Bois-d'Arcy. Je savais que le frère de M. Hiler était sorcier et proposait la sorcellerie à tout le monde dans le magasin. Ni M. Hiler le Directeur, ni Monique ma responsable de caisse ne voulaient plus de moi au coffre ; à l'accueil et je vais même dire ne voulaient plus de moi dans le magasin parce que je ne fais pas partie de leur clan.

Un jour, je fis mes courses que j'entreposai derrière l'accueil comme nous tous avons l'habitude de faire. Avant la fermeture du magasin, une phrase m'est venue dans la tête : « Vérifie les achats que tu as faits avant de rentrer. »

Je me disais : « J'ai l'habitude de mettre mes courses là, personne ne m'a jamais rien volé ; pourquoi vais-je fouiller mes affaires ? » La phrase me prenait tellement la tête que j'ai fini par regarder mes courses. J'ai été surprise de voir dans mes achats qu'il y avait un produit qui était en double alors que j'en avais pris et payé un seul en caisse. Là, j'étais plus que sûre qu'il y avait quelqu'un qui voulait me faire passer pour une voleuse. Parce que de temps en temps il y a des contrôles à la sortie du magasin et le directeur adjoint vient vérifier tous les tickets de caisse et les achats effectués. C'était passé et deux hôtesses d'Accueil et le vigile ont été suspendus de leurs fonctions. J'ai alors appelé la personne de sécurité pour lui expliquer ce que je venais de voir dans mon sac de courses. Il a pris le produit et l'a remis en rayon. Et personne n'a plus parlé de cela. J'attendais qu'on visualise les caméras pour savoir qui était à l'origine de cela. Mais rien n'a été fait. J'ai pensé que cela venait de la direction.

Ma sœur avait l'habitude d'aller à l'église Saint-Michel de Cotonou pour prier. À mon retour en France, j'allais à l'église Notre-Dame de Versailles pour lire le rosaire. Elle m'avait recommandé certaines prières que je devais dire devant la Sainte Croix. Quand je commençais la prière, je voyais un homme qui travaillait dans l'église m'observer et faire des va-et-vient. J'avais l'impression que ma prière le dérangeait. Puis un jour, à genoux devant la vierge Marie je sentis une sorte de lourdeur rentrer dans mes genoux. On aurait dit un anaconda qui rentrait dans mon corps par mes genoux. À plusieurs reprises, cela m'était arrivé. Puis une nuit vers 3 h du matin, dans un demi-sommeil, j'ai remarqué une ombre de forme humain quitter le haut du lit pour se poser sur moi. Cette ombre avait pénétré mon corps et j'avais senti un picotement en bas de mon dos. Je me suis levée précipitamment en me disant qu'un mauvais esprit vient de pénétrer mon corps. Après cela, quand je m'agenouillais pour prier du sable pénétrait dans mes genoux. Au point où je ne pouvais plus m'agenouiller pour prier. Quand je m'agenouille, c'est comme si le courant électrique me traverse les genoux. J'ai commencé à faire des jeûnes à répétitions : neuf jours de jeûne sans sel, je mangeais normalement trois jours ou quatre jours et j'enchaînais neuf jours de jeûne classique, je mangeais normalement une semaine et je recommençais. Je voulais absolument faire sortir cette ombre de mon corps. Et j'étais persuadé qu'en faisant ces jeûnes j'y arriverais.

La seule personne à qui j'ai parlé de cela, c'était Lyne. Malgré que nous n'ayons qu'une année de différence d'âge, je la considère comme mon père, qui prenais soin de moi et je le lui disais parce que le prénom de papa est Barthélémy et elle s'appelait Mme Barthélémy.

Au fur et à mesure que les jours passaient, les idées noires me traversaient la tête. La seule envie que j'eusse c'était de mettre fin à mes jours.

Le 5 mai 2012, en allant faire le ménage chez Lyne, je suis passée par Monoprix de Versailles pour acheter deux sachets de raticide. Je pensais mettre fin à mes jours dès que je quitterai chez Lyne. C'était un samedi ; je pensais qu'elle serait à la maison. Mais non. Après avoir fait le ménage, je suis restée à l'attendre. À son retour, elle m'avait dit qu'elle avait rendez-vous à la banque. Je lui ai préparé le café, qu'on a pris ensemble avec la brioche qu'elle avait ramenée. Puis elle me dit :

— Va te reposer dans la chambre ; j'ai un dossier à mettre au point pour lundi.

Une fois dans le lit, je cogitais. Je me disais : « Tu n'as pas le droit de vivre. »

Subitement, je me suis levée et une fois au salon je dis à Lyne qui était assise sur le tapis :

— Lyne, je vais te laisser Auguste, j'aimerais que tu prennes soin de lui.

— Auguste est grand maintenant, je n'ai plus à me préoccuper de vous, répondit-elle.

Subitement, j'ai commencé à l'agresser ne sachant pas ce qui me prenait. Elle se défendait comme elle le pouvait ; puis la sonnerie avait retenti. J'avais arrêté de l'agresser et elle s'était précipitée vers la porte pour l'ouvrir. C'était la voisine qui entendait le bruit venant de l'appartement. Elle a eu peur et est venue sonner pour savoir ce qui se passait. À cet instant, j'ai commencé à trembler de partout : des mains, des pieds, de la bouche. Quelques minutes plus tard, la police était venue. Lyne a fouillé mon sac pour récupérer ses clés et la police a récupéré les sachets de raticide. Et on m'avait emmenée à la gendarmerie. Vu que je tremblais beaucoup, la police m'a emmenée aux urgences à l'hôpital Mignot. Je ne comprenais pas mon geste ; je n'arrivais pas à parler. Le lundi qui a suivi, on m'avait transférée à l'hôpital psychiatrique Charcot à Plaisir. Les premiers jours de mon hospitalisation, je ne sortais pas de ma chambre, je ne mangeais pas. Puis un monsieur est rentré dans ma chambre et m'a dit :

— Madame, il faut que vous sortiez pour manger.

— Non, je n'ai pas faim, répondis-je.

Il reprenait :

— Vous devez obligatoirement descendre, ça fait trois jours que vous ne mangez pas. Ici, c'est un hôpital, on va vous soigner.

Alors je suis descendue. Je n'ai pas mangé grand-chose. J'avais le ventre noué. J'étais triste et surtout je me demandais comment j'avais pu faire cela à Lyne. Vraiment, elle ne mérite pas cela. Le médecin psychiatre a essayé de comprendre ce passage à l'acte, mais n'y est pas arrivé. Pour moi, aucun doute. C'est la personne qui a envoyé cette ombre, qui m'a poussée à commettre cet acte. Voyant ma tristesse et mon désarroi, le médecin m'a conseillé d'écrire à Lyne. Je me disais qu'elle n'allait pas prendre le temps de lire ma lettre et je ne l'ai pas fait, mais quand Auguste l'a appelée pour lui dire à quel point il regrettait ce qui s'était passé, elle a dit simplement « oui » et lui a raccroché au nez. Ce n'est qu'après cela que j'avais décidé de lui écrire. Dans la lettre, je lui expliquais à quel point je regrettais ce qui s'était passé et je lui ai rappelé ce que je lui avais dit par rapport à l'ombre qui était rentrée dans mon corps. Je n'eus pas de réponse. Je pense qu'elle n'a pas pris la peine de lire la lettre. J'aurais aimé qu'elle garde contact avec Auguste même si elle ne voulait plus me voir. Mais je la comprends. C'est un passé sur lequel elle voulait tirer un trait.

Je suis restée plus d'un mois et demi à l'hôpital. Quand je suis sortie, j'ai reçu une convocation pour me rendre à la gendarmerie de Versailles. Le policier qui m'avait reçue m'avait remis une autre convocation pour me rendre chez un psychiatre et m'avait interdit de reprendre contact avec Lyne en me disant :

— Si vous cherchez à la voir, elle va porter plainte contre vous.

J'ai repris le travail et quelques mois après les sensations bizarres sont apparues.

Au début, c'était des mille-pattes qui rentraient dans mon corps, en particulier dans mes genoux. J'attachais le chapelet autour de mes genoux. Quand je sentais les mille-pattes entrer dans mon genou, je mettais la croix du chapelet sur l'endroit et je les sentais tomber. J'avais très mal. Le bureau du directeur se trouvait juste en haut de l'accueil où je travaillais. Les sensations sont très fortes quand je suis à l'accueil. Pour avoir un peu de répit, je faisais plusieurs tours dans les rayons. Puis un jour en rangeant les produits dans le rayon, M. Hiler vint me voir et me dit :

— Vous devez rester tout le temps de votre travail à l'accueil.

— Si je quitte l'accueil soit c'est pour ranger les produits soit c'est pour aller voir un prix pour les clients, lui répondis-je.

— Non, je veux que vous restiez à l'accueil.

Alors je compris que c'était lui qui était à l'origine de ce que je vivais. L'ambiance qui régnait était de plus en plus invivable. Je n'avais plus envie de travailler là, mais je ne voulais surtout pas donner ma démission. Je jeûnais beaucoup pour combattre ce mauvais sort qu'on m'a jeté. Puis un jour, je ne sais pas ce qui me prit et je commençais à crier dans le magasin :

— C'est le directeur qui veut me tuer ; ils ont tué ma sœur et maintenant ils s'en prennent à moi.

Tous les clients me regardaient d'un air curieux. Le lendemain, M. Hiler me fit monter dans son bureau :

— Ce que vous avez fait hier est une faute grave ; je vous demande de donner votre démission.

— Si vous n'avez plus besoin de mes services, c'est à vous de me licencier, répondis-je.

Après une troisième hospitalisation à l'hôpital psychiatrique Charcot, le médecin du travail a procédé à mon licenciement le 8 juillet 2014, soit six années après mon embauche.

En 2013, j'ai eu la chance d'aller me recueillir sur la tombe de ma sœur.

Avant mon licenciement, j'avais postulé dans plusieurs magasins, dont Leclerc qui m'avait laissé un message il y a quelques années.

Dans le courant du mois de juillet, j'ai reçu un message vocal me disant :

— C'est Leclerc, si vous êtes toujours à la recherche du travail, veuillez nous contacter à ce numéro.

Aussitôt, j'ai rappelé. Quand je me suis présenté à la personne, elle me posa cette question :

— Qu'est-ce qui s'était passé à Super U où vous étiez licencié ?

— Donnez-moi un rendez-vous et je vous expliquerai, répondis-je.

— Non, nous avons trouvé une autre personne, répliqua-t-elle.

Alors je suis allé voir Mme Petit Jean, ma nouvelle assistante sociale, après le départ de Mme Bienaimé. Elle m'a dit qu'ils ont dû appeler Super U pour avoir des références me concernant et la responsable des caisses a dû mal parler de moi. Elle m'a conseillé d'aller à la Ferme de Gally où j'eus des CDD pendant cinq mois. Juste après, j'ai eu des CDD pendant six mois à Monoprix de Versailles. Je suis restée quelques mois au chômage. Les fins du mois étaient très difficiles. J'avais aussi des mensualités que je devais honorer dans le cadre de mes crédits à la banque. Alors un jour ne sachant pas ce qui m'a pris, je suis rentrée dans le magasin Monoprix où j'avais travaillé et j'ai pris : un sachet de brioche, un paquet de sucre et une barquette de salades de fruit frais et je suis sorti sans passer par la caisse. J'ai vu que le monsieur de sécurité est sorti quelques minutes après moi et m'a suivi jusqu'à l'arrêt de bus. Il montât dans le bus et me dit : « Madame, suivez-moi ». Je l'ai suivi et il m'a emmené jusqu'à la caisse et il m'a demandé de sortir tout ce que j'avais dans mon sac ;

quand j'ai fini de les sortir il m'a dit : « Est-ce que vous avez de quoi payer, sinon j'appelle la police ». J'ai eu très peur et je me suis dit en même temps : « Tu n'as pas besoin de voler pour manger ». Alors j'ai payé… même pas 12 euros. Quand je suis rentrée, j'ai demandé « pardon » à l'Éternel et je lui ai demandé de me donner du travail.

Dans cette même semaine, je suis allé voir Mme Petit Jean. Quand elle m'a vu, elle me dit : « je voulais t'appeler ; j'ai été faire mes courses à Grand Frais de Guyancourt hier et ils ont affiché qu'ils cherchent à recruter. Va là-bas, ils vont te prendre ». C'est ainsi que j'ai commencé à travailler à Grand Frais de Guyancourt. Avec mes difficultés financières, Mme Thomas, une autre assistance social a constitué un dossier de surendettement auprès de la banque de France pour obtenir l'annulation de mes crédits…plus de 8000 euros. C'était en 2017. Après six mois de CDD, Grand frais de Guyancourt me fit un CDI en 2016. J'étais ainsi très contente d'avoir finalement un CDI. Le problème, c'est que Grand Frais de Guyancourt m'avait fait un contrat de 24 heures par semaine. C'était insuffisant pour payer mes charges. À plusieurs reprises, j'ai demandé à la responsable des caisses de m'attribuer 30 heures hebdomadaires, mais la réponse était toujours négative.

Je sollicitais beaucoup d'heures parce qu'en plus des charges que je devais payer ici, je devais aussi payer les études de Régis qui a fini par avoir son bac. Je me sentais aussi obligée d'aider financièrement les enfants de ma sœur que je considère comme mes propres enfants. Avec le peu d'argent que je leur envoyais, ils arrivent à tenir et continuent brillamment leurs études. Ils ne cessent de me remercier et de m'envoyer des petits messages qui me font chaud au cœur.

Mme Petit Jean était au courant de ma situation et pour m'aider, elle me donnait des bons alimentaires d'une valeur de 60 euros à l'approche des fêtes. La mairie me donnait deux colis alimentaires par mois et si je pouvais, j'allais aux Restos du cœur.

En 2017, Mme Petit Jean a quitté la mairie pour ouvrir une agence d'aide aux personnes âgées. Pour compléter mes heures, elle m'a embauchée en qualité d'Auxiliaire de Vie. En semaine, j'étais hôtesse de caisse et les dimanches, je m'occupais des personnes âgées. Tous les dimanches, je commence ma tournée vers 7 h 30. Je les aide à se lever et à sortir du lit (plus souvent médicalisé), s'ils ne peuvent pas se lever tout seul ; je leur fais la toilette, s'ils ne peuvent pas la faire ; et je leur prépare le petit déjeuner. Avant de les quitter, je les installe devant la télévision ou s'ils préfèrent dans le lit. Je rentre à la maison vers 10 h. À 11 h 45 j'y retourne pour leur chauffer le plat du déjeuner que la mairie a pris soin de leur envoyer. Souvent la mairie livre les repas pour une semaine. Je prépare leurs goûters et les installe devant la télévision avant de partir. Je rentre vers 14 h 30. À 18 h 30 j'y retourne pour leur chauffer le plat du diner et les aider à se coucher, s'ils ne peuvent pas se coucher seuls. Le plus souvent j'ai quatre ou cinq patients et plus souvent les mêmes. Je rentre vers 21 h.

C'est dur pour moi de reprendre mon travail de caisse le lundi. Mais je n'ai pas le choix. J'ai trop de charges. J'aurai même voulu que Mme Petit Jean me programme mon jour de repos que Grand Frais me donne. Mais elle ne pouvait pas parce que je n'ai pas le même jour de repos d'une semaine à une autre : le planning change toutes les semaines. J'ai essayé de convaincre ma responsable de caisse pour qu'exceptionnellement elle me donne un jour de repos fixe dans la semaine et elle a refusé. Elle ne veut pas non plus me mettre à 30h/semaine comme le font certains Grand Frais. Alors j'ai commencé à postuler dans d'autres magasins. Pendant les vacances, si je n'ai rien prévu, Mme Petit Jean me donne des heures de ménage et de repassage chez d'autres particuliers. A l'approche des fêtes de fin d'années, les personnes âgées et même leurs enfants me font des cadeaux. Il faut reconnaitre que j'aime beaucoup le contact avec ses personnes âgées et elles sont contentes de m'avoir en tant qu'auxiliaire de vie. Mme Petit Jean a eu beaucoup de retours positifs me concernant.

Quand je n'en pouvais plus avec les sensations, mon médecin psychiatre m'hospitalise. Il a fini par mettre un traitement en place. Quand je prends ce traitement, je suis soulagée. Mais, ce traitement me constipe et je suis obligée de prendre des laxatifs pour soulager mon transit. De temps en temps, j'arrête le traitement. Quand j'arrête, environ deux semaines après, les sensations deviennent insupportables. De toutes les façons, la prise du traitement n'enlève pas les sensations : je suis soulagée, mais les sensations sont toujours là. Avec les conseils de Besnose, j'ai finalement accepté l'aide des prêtres dans mon combat contre ce mal qui me pourrit la vie. Le premier m'avait clairement dit que je devais continuer à prendre mon traitement. Le deuxième avait sorti des propos qui remettaient en cause la soutane qu'il portait. Alors j'ai continué seule mon combat.

En 2019, Besnose m'avait informé du décès de sa grand-mère paternelle. J'ai beaucoup hésité pour appeler Michel afin de lui souhaiter mes sincères condoléances. Parce que je savais qu'on pouvait me faire du mal par le téléphone. Après avoir réfléchi, j'avais décidé de lui envoyer un message et de lui présenter mes condoléances :

— Bonjour, Michel, j'ai appris le décès de ta mère par ton fils, je viens par ce message te présenter mes sincères condoléances.

Il me répondit par ces mots :

— Merci, j'aimerais qu'on communique plus souvent, surtout au sujet de Régis.

Je me suis dit :

— Pourquoi parler au sujet de Régis ? J'étais prête à le sortir de la misère du Bénin et tu as refusé d'écrire cette autorisation qui lui aurait permis d'être en France aujourd'hui.

Pour moi et pour les personnes autour de moi, il faut être très méchant pour faire cela à son propre fils. Et je ne lui ai plus répondu. Dans la semaine où nous avons échangé les deux messages, je me suis levée un matin et j'ai vu mes cheveux du côté de la tempe gauche coupés à ras et j'ai senti une douleur au niveau du clitoris ; et quand je l'ai touché, il y avait du sang. J'étais surpris et en voulant prendre ma douche une phrase m'est venue dans la tête :

— Ne prends pas de douche.

Je suis restée sans me laver jusqu'à la cicatrisation de la plaie.

Je ne peux pas soutenir que c'était Michel qui m'avait fait cela. Je n'avais aucune preuve. Quand j'ai informé l'un de mes frères, il m'a dit qu'il faut que je me méfie de Michel, car il est dangereux.

Vers la fin de l'année 2019, le compagnon de ma fille Charbel qui s'appelle Charbel lui aussi a obtenu un visa pour faire un stage de six mois dans une entreprise à Orléans. Il est venu me rendre visite une fois et j'ai eu de l'admiration pour lui. Je me suis dit tout de suite qu'il ferait un bon gendre. En plus dans l'histoire des Libanais, Charbel est un saint bien connu. Charbel était un moine. Tous les soirs dans le temple où il œuvrait, il allumait une lanterne pour faire la prière. Un soir, il n'y avait plus de pétrole pour mettre dans la lanterne. Tous ceux qui étaient là pour la prière étaient sur le point de partir. Mais avec sa grande foi, il a mis de l'eau dans la lanterne qui s'est allumée et est restée allumée durant toute la nuit. C'était ma sœur qui m'avait raconté cette histoire il y a longtemps. Si je l'ai mal racontée, je présente toutes mes excuses aux libanais qui liront mon récit.

De temps en temps, Charbel m'appelait pour avoir de mes nouvelles. Comme toute personne bien réfléchie, le rêve de Charbel était de demeurer en France. Il a déposé des dossiers d'inscription dans plusieurs universités pour continuer ses études. C'est celle de Versailles qui a accepté son dossier. Après son stage, il est venu en région parisienne. Il a été hébergé par un de ses amis qu'il avait connus au Bénin et qui était en France depuis plusieurs années. Ils vivaient dans un petit studio.

Après quelques semaines de cours, Charbel me dit au téléphone :

— Mon ami qui m'héberge a décidé avec sa copine de prendre un deux-pièces et de vivre ensemble. Je n'ai vraiment pas envie de les déranger.

Je lui dis alors :

— Si vraiment tu es embêté et que tu ne sais pas où résider, tu peux venir habiter chez moi.

Au début de juin 2020, Charbel s'est installé à la maison. Je lui ai laissé mon canapé-lit confortable et je suis retournée sur mon petit matelas que je mettais sur un petit sommier dans ma chambre. Très vite, je me suis rendu compte que Charbel constituait une charge pour moi. Les factures d'électricité et d'eau avaient augmenté. Dans mon appartement, tout est électrique. Pour économiser de l'électricité, je faisais des repas pour une semaine. Auguste était habitué. Il chauffait son plat au micro-ondes et il ouvrait des boîtes de conserve qu'on prenait aux Restos du cœur. En hiver, j'allumais très rarement le chauffage.

Charbel lui se prépare à manger quasiment tous les jours. Il n'aimait pas prendre les boîtes de conserve et n'aimait pas remanger la nourriture que j'ai préparée pour la semaine. Je voyais ma facture de régularisation exploser. J'ai alors parlé à l'Éternel en ses termes :

— Tu sais tout ce que je vis et tu sais ce qui est bien pour moi ; comment vais-je payer toutes les charges qui viennent ? Je t'en supplie change ma vie.

Le matin quand je me suis levée, une phrase est venue dans ma tête :

— Va voir la responsable des caisses de Leclerc.

En même temps, je me dis :

— Après leur refus en 2014, j'ai postulé deux fois dans ce magasin et les réponses ont été négatives ; pourquoi me prendront-ils maintenant ?

Mais j'ai fini par aller quand même à Leclerc.

Quand j'ai demandé à rencontrer la responsable des caisses, l'hôtesse d'accueil me demanda :

— C'est à quel sujet ?

— C'est une situation personnelle que j'aimerais lui présenter. Elle a fait venir une dame.

Après l'avoir saluée poliment, je commençai :

— Je travaille à *Grand Frais* de Guyancourt depuis quatre ans. Ils m'ont fait un contrat de vingt-quatre heures par semaine ; c'est insuffisant pour payer mes charges ; j'habite à Fontenay-le-Fleury. Si un jour vous avez besoin d'embaucher, n'hésitez pas à m'appeler ; vous ne le regretterez pas.

Je lui ai présenté mon CV et ma lettre de motivation. En les prenant, elle me dit :

— Je ne vous garantis rien ; mon fils aussi cherche du travail, mais n'a pas pu être embauché, mais je les garde quand même.

Trois jours après, j'ai reçu un message sur mon répondeur. C'était Leclerc qui me demandait de rappeler si j'étais toujours à la recherche de travail. Aussitôt, j'ai rappelé et on m'a passé Christine. Mon entretien s'est déroulé un vendredi. Elle commença :

— Vous êtes à Grand Frais, vous avez un contrat de vingt-quatre heures par semaine, je ne me vois pas vous faire un contrat de onze heures.

— Ah non, si vous m'embauchez, je ferai les trente-cinq heures chez vous, répondis-je.

— Vous avez mis dans votre lettre de motivation que vous êtes disponible tout de suite ; comment allez-vous faire pour le préavis d'un mois ? reprend-elle.

— Puisqu'ils ne font pas un contrat de trente-cinq heures, ils nous autorisent à partir dès qu'on a un contrat de trente-cinq heures, lui répondis-je.

— Ce qui m'arrangerait c'est que vous commenciez jeudi ; vous aurez deux jours de formation et le samedi vous pourrez prendre la caisse seule, balança-t-elle.

— Ça me convient, lui dis-je.

— Ce serait bien d'avoir une femme aussi souriante comme vous dans mon équipe, dit-elle enfin.

Malgré toutes les sensations que je ressentais dans mon corps et plusieurs hospitalisations à l'hôpital psychiatrique Charcot de Plaisir :

Entrées – Sorties

– 07/05/2012 – 21/06/2012 ;
– 02/12/2013 – 26/12/2013 ;
– 12/03/2014 – 07/04/2014 ;
– 13/11/2015 – 22/12/2015 ;

– 15/02/2016 – 17/02/2016 ;
– 24/09/2018 – 11/10/2018 ;
– 07/10/2019 – 08/11/2019.

J'ai fini par décrocher un CDI de 35 h à Leclerc.

Pour moi, c'est l'œuvre de l'Éternel.

Quand j'ai quitté Leclerc, je suis allée directement à l'église Notre-Dame de Versailles mettre deux cierges : une devant la Sainte Vierge et une devant la Sainte Croix. C'était la meilleure chose qui m'était arrivée depuis le décès de ma sœur.

Dès le lundi, j'ai parlé à ma responsable de caisses à Grand Frais et j'ai déposé ma lettre de démission mardi. Je n'avais pas pu prendre mes vacances que j'avais prévu pour le mois d'août. J'ai commencé le travail à Leclerc le 23 juillet 2020. Grand Frais m'avait payé mon salaire et mes congés. Avec cet argent, j'ai pu offrir un ordinateur à Régis qui faisait ses études en Informatique.

En plus des mille-pattes qui rentrent dans mon corps, et du sable qui tombe sur moi à longueur de journée et de nuit, ce sont des cafards et des vers qui entrent dans mon corps. Mais je suis déterminée à mettre fin à tout cela. Mon amie Aline m'a donné l'adresse de l'église miraculeuse à Paris. J'ai pris rendez-vous avec un prêtre. Quand il m'avait reçu, je lui ai tout raconté depuis le début où l'Esprit Saint est venu sur ma sœur, sa maladie, sa souffrance, son décès, l'ombre qui était entrée dans mon corps, mon licenciement à Super U et tout ce que je vis jusqu'à ce jour-là. Il a pris tout le temps de m'écouter attentivement et à la fin il m'a dit :

— Avant de commencer, on va demander le pardon de vos péchés ; avez-vous avorté dans votre vie ?

Je lui répondis :

— Oui, j'ai été enceinte une quatrième fois, et Michel, mon compagnon, de l'époque a souhaité qu'on fasse une IVG.

— C'est un péché très grave ; vous allez donner un nom à cet enfant et tous les matins vous lui demanderez pardon de ne lui avoir pas permis de venir dans ce monde, lança-t-il.

Spontanément, je l'ai appelé Jean Baptiste. Il m'avait ordonné de m'agenouiller. Après avoir demandé le pardon de mes péchés, il a imposé sa main sur ma tête et a prié longuement. J'ai remarqué que l'Esprit Saint était sur lui. Et J'ai senti l'effet de sa prière sur le champ. À la fin, je lui ai demandé quand je pourrai revenir pour une autre séance de prière, parce que j'avais senti qu'il allait me guérir. Il me dit alors : « Je vous conseille de voir un prêtre exorciste à l'Accueil Saint-Michel. » J'ai alors pris rendez-vous à l'Accueil Saint-Michel. Quand le prêtre exorciste m'a reçue, je lui ai tout raconté comme ce que j'avais fait chez le prêtre à l'église miraculeuse. À la fin de mon récit, il me dit :

— Ce qui m'intéresse, c'est le rapport que le psychiatre avait rendu à ma sortie de l'hôpital psychiatrique après l'agression de Lyne.

— Je ne sais pas… À ce psychiatre, je n'ai pas raconté tout ce qui s'était passé avant. Notre entretien n'a duré qu'une vingtaine de minutes. Je lui ai juste dit qu'après le décès de ma sœur, j'avais voulu mettre fin à mes jours et que si ce jour-là je n'avais pas agressé Lyne, je ne serais plus de ce monde. Il a dû dire dans son rapport que j'étais responsable de mes actes, répondis-je

Il est resté assis sur sa chaise et a commencé à lire des prières dans un livre. Par moment, il me demandait si je ressentais quelque chose, mais je ne ressentais rien. À la fin de sa lecture, il m'avait demandé de partir. J'étais étonnée et je lui ai demandé quand je pourrais revenir pour une autre séance de prière.

— Ce n'est pas la peine, m'a-t-il répondu.

Alors j'ai eu l'impression que ce prêtre connaissait l'origine de mon mal et était persuadé qu'il n'y aurait pas de guérison possible pour moi.

Je suis rentrée chez moi. Je me suis demandé à plusieurs reprises quel lien il y a entre le rapport du psychiatre et ce que je vis actuellement. Je me suis fait une petite idée, et c'est rare que mon sixième sens me trompe. Comment peut-on prêcher l'évangile et faire vivre un sort pareil à quelqu'un ? Je pense qu'il n'y a pas un endroit sur cette terre où l'évangile n'est pas annoncé. Ils ont créé des lois pour diriger ce monde. C'est normal. Mais faut pas pratiquer ses lois dans le but d'une vengeance personnelle. Dans ce cas c'est le créateur de l'univers qui tranche. Jésus a donné sa vie pour nous, pour effacer toutes ces lois de notre société. Ne devrions-nous pas nous aimer les uns les autres et aimer l'Eternel notre Dieu de tout notre cœur, de toute notre pensée et de toute notre âme ? Alors pourquoi cette méchanceté et cette haine ? A part cela, y a-t-il pas une justice sur cette terre ? Les personnes que j'ai offensées ne peuvent-ils pas porter plaintes pour que je réponde de mes actes devant les tribunaux ? C'est mieux de rester dix, vingt ou même trente ans derrière les barreaux que de vivre ce mauvais sort qu'on m'a jeté. Moi, j'ai demandé la sentence de l'Eternel notre Dieu en lui disant : « Juge-moi selon ta justice et ne laisse pas ces gens-là détruire ma vie comme ils ont détruit celle de ma sœur ».

Alors j'ai décidé de ne plus voir ni prêtre ni prêtre exorciste, de ne plus prendre de traitement et même de ne plus demander à rentrer dans un hôpital psychiatrique. J'ai demandé au Seigneur de me donner la force de vivre avec ce mal qui me pourrit la vie. Malgré ma détermination de vivre comme si de rien n'était, j'ai été obligée de demander à mon psychiatre traitant de m'interner à nouveau afin de reprendre le traitement. Je suis entrée à l'hôpital le 3 mars et je suis ressortie le 24 mars 2021. Aussitôt sortie, j'ai arrêté le traitement. Ce que je ne supporte pas dans le traitement, ce sont les laxatifs que je dois prendre matin et midi pour soulager mon transit. Pour moi, ce n'était pas le traitement qui me guérirait. Je suis victime d'un envoûtement.

Au fil des jours, mon état de santé se dégradait. L'aspect de mon ventre avait changé : j'avais eu des règles alors que j'étais ménopausée depuis sept ans. Fin octobre, j'ai consulté le médecin traitant qui avait demandé une prise de sang et une échographie pelvienne. La prise de sang avait montré que j'étais anémiée. À l'échographie, la femme me demanda :

— Votre ventre est dur comme cela d'habitude ?

— Non, répondis-je.

Puis elle m'a dit :

— Je vois une membrane le long de votre ventre que je ne peux expliquer ; il faut faire un scanner rapidement.

Le scanner avait montré un kyste sur les ovaires ; il fallait que je me fasse opérer. Mon médecin a fait un courrier pour que je rentre en urgence à l'hôpital. J'ai pris le courrier et j'ai dit au médecin :

— Depuis que je me suis recueillie sur la tombe de ma sœur en 2013, je ne suis pas repartie voir ma famille au Bénin. Ça fait deux ans que je travaille et je n'ai pas eu de vacances. J'ai eu les moyens de me payer un billet d'avion sur internet pour aller voir ma famille juste après les fêtes. Ce billet, je l'ai payé en quatre fois. Je n'ai pas pris une assurance, donc je ne peux pas me faire rembourser. J'ai posé mes vacances que je ne peux plus changer maintenant. Je ne peux pas me faire opérer maintenant.

— Vous avez le temps de vous faire opérer avant vos vacances.

Mais je me disais que si je rentrais à l'hôpital, je n'allais pas sortir avant le jour prévu pour mon départ. Les jours passaient et mon ventre prenait du volume. Certains clients, qui prenaient le temps de discuter avec moi en caisse, pensaient que j'étais enceinte et me demandaient :

— C'est quand l'heureux événement ?

Je leur répondais :

C'est Dieu qui sait.

Les plus curieux ajoutaient :

— Les médecins ont prévu une date quand même.

— Les médecins prévoient, seul Dieu sait le jour et l'heure, répondis-je.

Ma remarque les faisait rigoler.

Je reconnais : avant je discutais beaucoup avec les clients en caisse. Ils me parlaient un peu de leurs problèmes, des difficultés qu'ils avaient, la plupart du temps ils essayaient de deviner mes origines. Ils pensaient que je venais des îles françaises. Les uns disaient : « De quelle île venez-vous ? » D'autres : « Je parie que vous venez de la Martinique. » J'en profitais pour leur parler de moi ; surtout de mon petit pays accueillant et calme, le Bénin. Mais depuis un moment, je ne bavarde que très peu pour ne pas dire plus du tout.

Mon ventre prenait tellement de volume qu'on aurait dit une femme à terme de grossesse. Je mangeais très peu et j'avais du mal à respirer. Lors d'une consultation dans le courant du mois de décembre 2021, mon médecin me conseilla d'aller juste à l'hôpital pour faire une ponction. Pour lui, il y avait un liquide qu'on appelle latite dans mon ventre.

— Ça va vous soulager, m'avait-il dit.

Mais je savais que les médecins ne me laisseraient pas sortir sans m'avoir opérée une fois que je serais à l'hôpital. Pour moi, le kyste n'est pas formé de façon naturelle. J'avais la ferme conviction que c'est le résultat de mon clitoris et mes cheveux coupés il y a quelques mois. Je pensais que je n'allais pas sortir vivante d'une opération. La seule envie que j'avais, c'était d'aller voir mes deux enfants, mes petits-enfants que je n'ai pas encore vus physiquement et surtout ma mère qui avait dépassé 84 ans. Je priais l'Éternel de m'emmener et de me ramener saine et sauve en France.

Le 1er janvier 2022, j'étais descendue à l'aéroport Cadjèhoun. Besnose et Régis étaient venus me chercher. J'étais très contente de les voir et j'avais hâte de voir mes petits-enfants. On était allé chez Besnose qui habitait seul dans un deux-pièces. Quand je me suis déshabillée, mes enfants n'ont pas pu retenir leurs larmes. C'est là que j'ai pris conscience de ce que j'étais devenue : toute petite avec un gros ventre devant. Besnose avait pleuré quasiment toute la nuit. Je lui ai finalement dit :

— Ne pleure pas, mon fils ; la main de l'Éternel est sur moi. Si je suis là aujourd'hui c'est grâce à lui. Rien ne va m'arriver.

Après avoir bien réfléchi, j'ai décidé de ne pas voir mes petits-enfants : je ne voulais surtout pas qu'ils gardent cette image de leur grand-mère. Les rares fois où je faisais un appel vidéo via WhatsApp, ils me disaient :

— Mémé France, rapporte-nous plein de jouets.

J'ai alors demandé à Besnose de distribuer les jouets et les chocolats à tout le monde. Deux jours après ma descente, en présence de Régis, Besnose me dit :

— Maman, avant que tu n'arrives, nous avons pris contact avec un monsieur ; il faudra que tu acceptes de le voir. Je pense qu'il va te guérir.

— Personne ne pourra me guérir si ce n'est Dieu, répondis-je.

Malgré mon refus, ils l'ont fait venir à la maison. Après une petite prière, il me dit :

— Quand j'ai commencé à travailler sur vous, j'ai vu M. tel qui m'a dit si vous ne prenez pas la sorcellerie comme lui, vous allez mourir. J'ai préparé une infusion à base d'oignons que vous allez boire et à trois heures du matin, je vous emmènerai dans un coin de la rue pour vous laver.

J'ai tourné mon visage vers le ciel en me disant :

— Moi, fils du Dieu vivant, je vais me laver à 3 h du matin dans un coin de la rue avant d'être guérie, jamais de la vie.

Je suis retournée vers le monsieur et je lui ai dit :

— Qui va échapper à la mort ?

— Personne, répondit-il.

— Peut-on obliger quelqu'un à prendre la sorcellerie ? demandai-je.

— Non, répondit-il.

Alors j'ajoutai :

— Ce n'est pas monsieur tel qui va décider de ma vie. Je ne boirai pas votre infusion et je n'irai pas me laver.

Il a essayé de me convaincre. Je sais que Dieu passe des fois par des hommes pour nous délivrer du mal ; mais surtout pas celui-là qui avait déjà soutiré près de 200 000 FCFA auprès de mes enfants. Devant mon refus catégorique, il est sorti de l'appartement pour aller s'asseoir dans l'escalier, laissant le soin à mes enfants de me convaincre. Aux vues de l'insistance de Besnose et de Régis, j'ai appelé mon petit frère Jérémie, aujourd'hui américain et réside aux États-Unis et qui prêche aujourd'hui l'Evangile.

De temps en temps, il prie pour moi via WhatsApp. Après lui avoir expliqué la situation, il a conseillé à mes enfants de faire partir le monsieur.

Après le départ du monsieur, j'ai parlé à mes enfants :

— Notre Dieu est un Dieu jaloux ; il n'aime pas qu'on aille voir ces gens-là. Sa parole nous dit : qui cherche à sauver sa vie la perdra. Qui la perd à cause de moi aura la vie éternelle. Ne seriez-vous pas heureux de vous retrouver avec Jésus plutôt qu'avec Lucifer dans le feu ? Demandez pardon à l'Éternel et ne refaites plus jamais cela.

J'ai alors demandé à mon Seigneur de les pardonner.

L'un de mes frères avait fait venir les Christianistes Céleste pour prier pour moi. Il y a aussi une force remarquable dans leur prière. Quand je mangeais un tout petit peu, je n'arrivais pas à respirer et j'avais très mal dans la poitrine.

Besnose avait aussi pris rendez-vous chez le père Pamphile. C'est un prêtre exorciste reconnu au Bénin par les miracles qu'il fait dans la vie des gens. Le jour de mon rendez-vous, il y avait beaucoup de monde. En plus des 12 personnes qu'il n'avait pas pu voir la veille, une dizaine attendaient devant moi. Quand il est arrivé, il est venu nous voir pour saluer tout le monde qui l'attendait. Il nous a demandé comment on allait et je lui ai répondu :

— Nous sommes dans les mains Jésus.

C'est ainsi qu'il m'a remarqué. Après avoir reçu les douze personnes de la veille, il a demandé à me voir. J'ai été impressionné quand je suis rentré dans la pièce où il reçoit les malades. En face de son bureau se trouvait un oratoire imposant : il y avait des images des saints, des papes… en tout cas tout ce qu'il faut pour qu'on sorte soulager.

Il y avait aussi la photo de Saint Charbel. Après avoir fait des signes de croix avec une huile sainte sur tous les côtés de mon ventre, il m'a conseillé d'aller dans un cabinet médical à Midombo pour faire une ponction, ce que mon médecin traitant m'avait conseillé. Le médecin et propriétaire du cabinet est un Français qui avait exercé longtemps en France. Je ne voulais surtout pas entrer dans un hôpital au Bénin, mais j'ai été obligée de le faire parce qu'il a appelé aussitôt le médecin pour l'informer de mon arrivée.

Après avoir examiné mon ventre, le médecin a demandé de faire un scanner au CHU avant de faire la ponction. Il n'avait pas le matériel nécessaire pour un scanner dans son cabinet. Nous sommes alors rentrés. À la maison, j'ai dit à Besnose :

— Il ne reste qu'une semaine pour que je retourne en France ; laisse le Seigneur agir. Rien ne m'arrivera.

Finalement, je ne suis pas retournée au cabinet médical. Le 30 janvier 2022, j'ai pris mon vol retour. Auguste était venu m'accueillir à l'aéroport. Arrivés en bas de l'immeuble où j'habitais, une phrase m'était venue dans ma tête :

— Ne rentre pas chez toi.

J'ai laissé Auguste rentrer à la maison avec mes valises et je me suis dirigée vers le cabinet médical de mon médecin traitant. Il ne consultait pas ce matin-là. Auguste avait rapporté le courrier qu'il avait écrit dans le courant du mois de novembre et les résultats d'échographie et de scanner. Il a alors appelé le SAMU qui nous a envoyé une ambulance. Et nous sommes allés directement aux urgences. Après avoir expliqué à l'équipe soignante les raisons pour lesquelles je ne m'étais pas présentée plus tôt, on m'hospitalisa le 31 janvier 2022. Le 2 février, le chirurgien, Dr Rocher m'a opéré et a enlevé mes deux ovaires, un kyste et a retiré près de 7 litres de latite. Le kyste était long de 33 centimètres. Après analyse, le kyste a révélé des cellules cancéreuses. Alors Dr Rocher m'a réopérée le 16 février pour enlever l'utérus et toutes les aortes qui étaient autour. Je suis sortie de l'hôpital le 22 février. J'ai commencé les séances de chimiothérapie le 10 mars. Après la première séance de chimiothérapie, mon employeur me fait savoir qu'il ne fait que sur 45 jours le maintien de salaire. Alors j'ai voulu reprendre le travail. La RH me fait savoir que je dois passer par le médecin de travail. C'est elle seule qui peut m'autoriser à travailler. Quand cette dernière m'a reçu, après lui avoir exprimé mon désir de reprendre le travail, elle me dit :

— Je vois que vous avez du mal à marcher ; je vois aussi que vous êtes très fatiguée, vous devez vous reposer, je ne peux pas vous autoriser à travailler… Terminez vos séances de chimiothérapie et revenez me voir.

J'avoue que j'étais déçu de la réponse du médecin. Certes je suis fatiguée, mais je me disais que je ne peux pas subvenir aux besoins de ma famille et payer mes charges avec les 750 euros que l'Assurance Maladie me payera si je suis en arrêt maladie. Alors l'assistance social de l'hôpital Mignot a constitué un dossier et a fait une demande d'aide auprès de la ligue contre le cancer. J'ai alors reçu une aide financière qui m'a permis de payer régulièrement mon loyer, de subvenir aux besoins de ma famille et même d'acheter un ordinateur portable de 500 euros à ma fille Charbel qui a eu la chance d'avoir un visa étudiant par Campus France pour continuer ses études ici. Je suis très contente.

Mon frère Marcel qui réside aux États-Unis m'avait proposé de venir le voir. Là-bas, il y a des spécialistes qui guérissent par hypnose. Après t'avoir hypnotisé, il demande à ton esprit d'où vient le mal et comment faire pour le guérir. Après la deuxième séance de chimiothérapie, il m'avait payé un billet aller-retour pour les États-Unis. Le 3 avril, je suis allée aux États-Unis. Il avait eu du mal pour me trouver un rendez-vous : après l'apparition de la COVID, ces spécialistes consultent par vidéo et il y avait beaucoup de demandes. Je devrais revenir en France assez rapidement pour faire ma troisième séance de chimiothérapie. Finalement, avec l'intervention de l'Éternel, il a trouvé un spécialiste cinq jours avant mon retour. Il parlait en anglais et mon frère me traduisait en français.

Sur l'écran de l'ordinateur, je l'ai vu tenir avec son index et le pouce de la main droite, une chaîne d'environ 10 cm de diamètre de couleur blanche. La chaîne faisait des va-et-vient comme l'aiguille d'une pendule. Il m'avait demandé de fixer ses yeux. Il m'avait posé plusieurs questions. Au bout d'une demi-heure, il me dit :

— Vous devez de l'argent à quelqu'un ; c'est cette personne qui vous a jeté ce mauvais sort.

Effectivement, après la séparation avec Michel, j'ai fait la connaissance de Richard. C'est un monsieur que j'ai rencontré sur un chantier privé dans l'exercice de mon travail. Souvenez-vous, je faisais le tour des chantiers pour proposer le sable et le gravier. Au début, je livrais sur trois de ses chantiers qu'il construisait simultanément. Un jour, il me dit :

— J'ai une entreprise de construction et de travaux publics. Si vous voulez, vous pouvez livrer sur le compte de mon entreprise.

C'est ce que j'avais commencé à faire. Au fil des mois, nous sommes devenus amants.

À l'époque, cela ne me dérangeait pas. Je n'avais pas conscience du péché que je commettais. Richard était marié et avait deux filles. À l'époque, Jérémie faisait ses études en France. Pour m'aider dans mes activités, il m'avait proposé d'acheter un camion et de le mettre à ma disposition pour alléger les frais de location que je dépensais. Quand j'en avais parlé à Richard, il m'avait dit :

— C'est une très bonne idée. Dès que le camion sera là, je te trouverai un bon chauffeur.

Le camion est arrivé et comme promis, Richard m'avait trouvé un chauffeur. En même temps, il a gagné un appel d'offres et il devrait réaliser des caniveaux et poser des pavés sur plusieurs kilomètres à Parakou situé dans le nord du Bénin. J'avais déplacé le camion à Parakou. Comme il ne me payait pas au fur et à mesure que je livrais : je présentais une facture tous les mois, il s'était porté garant pour un crédit de 9 000 € que j'avais fait auprès de la banque. Je restais à Cotonou pour honorer les chantiers et le chauffeur restait à Parakou avec le camion, sachant qu'il y a environ 400 kilomètres entre Cotonou et Parakou. De temps en temps, j'allais à Parakou faire le point avec le chauffeur des livraisons effectuées. En temps normal, je prévenais le chauffeur de mon arrivée. Puis un jour, je suis allé à l'improviste à Parakou et j'avais découvert que le camion ramassait des déblais sur le chantier alors que Richard ne m'en avait pas parlé. J'étais en colère et j'avais ordonné au chauffeur de suspendre le ramassage et de garer le camion en dehors du chantier. Le lendemain, à ma grande surprise, le pare-brise du camion avait été volé. Nul doute, pour moi c'était le chauffeur qui avait organisé ce vol. Après l'avoir fait passer à la gendarmerie pour qu'il explique son geste, j'ai payé un autre chauffeur qui a ramené le camion à Cotonou.

J'attendais une explication de Richard. Il ne l'avait pas donnée. Avant il m'appelait et on se voyait en privé. Il ne m'appelait plus au téléphone. Alors j'avais fait le calcul à ma manière. La location d'un camion de ce type, c'était 50 000 FCFA la journée. Au vu du nombre de mois qui étaient écoulés depuis le début de ce chantier jusqu'au stade où on était, je peux dire qu'il avait bien profité de moi. Je lui ai fait confiance et il m'a trahi. Alors je n'ai plus payé les mensualités qui restaient à payer à la banque.

En 2009, quand j'avais eu l'occasion de partir au Bénin, je suis allé au siège de son entreprise, espérant avoir une discussion franche avec lui. Mais dans son bureau, il y avait également son directeur adjoint. Après avoir discuté de tout et de rien, j'ai fini par dire :

— Alors le crédit à la banque ? Qu'ont-ils dit ?

— La banque m'avait demandé de le payer et je l'avais fait.

Je ne me voyais pas rentrer dans les détails, en présence de son directeur financier. Je suis alors partie sans lui dire ce que j'avais sur le cœur. Environ deux ans après, il était venu en France pour assister au « salon de l'habitat. » Mon frère Maxime aussi était là. Il a insisté auprès de mon frère pour me voir. Quand je suis allée à l'hôtel où il était logé, la première chose qu'il avait voulu faire, c'était « l'amour. » Il avait commencé à m'embrasser sur la bouche en me serrant dans ses bras. J'ai senti la colère monter dans mes veines et je lui ai dit :

— J'ai donné ma vie à Jésus, je ne peux plus faire ça sans le mariage.

— Ah bon, dit-il.

J'étais tellement en colère que je n'ai pas pu lui dire ce que j'avais sur le cœur.

Il m'avait laissé partir sans rien me dire. Depuis, on ne s'est plus revu.

La seule personne à qui je me sens redevable, c'est Lyne et tous les jours je prie l'Éternel de le lui rendre au centuple.

De retour en France, j'avais continué la chimiothérapie. Après la cinquième séance, le 9 juin, je sentais une forte douleur au bas ventre. Je ne pouvais pas me lever du lit et j'avais quarante degrés de température. Auguste avait appelé l'oncologue qui nous a ordonné d'aller directement aux urgences. Le scanner a révélé un gros abcès au bas ventre qu'il fallait impérativement évacuer par une intervention chirurgicale. Est-ce un effet secondaire de la chimiothérapie ? Les médecins n'ont pas pu l'expliquer. Dans la nuit du 11 au 12 juin, Dr Rocher m'a réopérée une troisième fois. Les médecins m'ont recommandé de ne pas travailler de suite, mais vu les charges que j'ai, le médecin du travail m'a autorisée à reprendre en temps partiel thérapeutique. Depuis le 5 octobre 2022 j'ai donc repris le travail.

En plus des cendres de cigarette qui tombent sur moi, des mille-pattes qui rentrent dans mon corps, et surtout du sable qui tombe sur moi à longueur de journée et de nuit, ce sont les cafards, les vers, pleins de saletés qui rentrent dans mes narines, mes yeux et mes oreilles, ainsi que d'autres choses que je ne peux pas nommer.

Au Bénin, les sensations sont là ; aux États-Unis, les sensations sont là ; le comportement des gens à mon égard est pareil. J'imagine que si je vais aux quatre coins du monde, les sensations seront toujours là. Les gens lèvent et secouent les pieds, ils lèvent les doigts sur moi, pleurent et se mouchent sur moi, et des fois, ils crachent sur moi. Ils envoient des saletés sur mon corps. N'y a-t-il pas plus mauvaise ou plus mauvais que moi sur cette terre ? De toute mon existence, je n'ai rien fait qui mérite le calvaire qu'on m'inflige depuis plus de douze ans.

Le seul « mal » que j'ai fait c'est de refuser de prendre la sorcellerie.

J'ai toujours été honnête et sincère avec toutes les personnes que j'ai côtoyées jusqu'ici. Les sorciers m'ont poussée à commettre l'irréparable et ils m'accusent de l'avoir commis. Avec les hommes méchants, ils ont réussi à soulever la colère du monde entier contre moi. Mais je vois la miséricorde de l'Éternel, notre Dieu, qui a créé les cieux et la terre, et qui lit au plus profond de nos cœurs sur moi. C'est pour cela que je me tiens à sa PUISSANCE et chaque jour quand je me lève le matin je lui demande que sa volonté se fasse dans ma vie et je chante.

I

Quand j'étais perdu
Dans un monde de Péchés
C'est là que mon Jésus, il m'a sauvé
Je lui remets Tous mes Problèmes
Je suis à lui désormais
Tu dois le louer
Et l'exalter

À Dieu
Rends la Gloire
Et il te donnera
La pleine Victoire

Vois Satan occupé
À essayer de te tromper
Il voudrait t'arrêter
S'il le pouvait
Mais toi n'abandonne jamais
Laisse Jésus
En toi triomphez
Tu dois le louer
Et l'exalter

Satan le Sang de Jésus
Est contre toi
Alors je veux
Louer Jésus le Roi

II

Quand la nuit m'environnait
Tu as parlé
La lumière est entrée
Brillant de ta beauté
Le silence m'entourait
Tu m'as rempli
De tes chants infinis
Toujours, je te louerai
Ce si grand univers
Ne peut contenir ta gloire
Tu as choisi de vivre en moi
C'est si fascinant

Ô Seigneur
Je t'adore
Tu as changé ma vie
Mon cœur
Est ton Sanctuaire
Reçois le Jésus
Je t'aime mon Jésus

III

Voici mon désir
Je veux T'honorer
Seigneur tout mon cœur
Veut T'adorer
Tout ce que j'ai en moi
C'est pour te louer
Je n'adorerai que toi seul

Je Te donne mon cœur
Je Te donne mon âme
Je vis pour Toi Seigneur
Chaque seconde où j'inspire
Chaque moment je veux Te dire
Fais Ta volonté en moi
Je Te donne mes pas
Je Te donne mes voies
Seigneur prend tout le contrôle
Chaque geste que je fais
Chaque pensée que j'aurai
Fait Ta volonté en moi
Je Te donne mon corps
Je Te donne mes membres
Seigneur prend tout le contrôle
Chaque fois que je prie
Chaque fois que j'agis
Fais Ta volonté en moi

IV

Que le Roi
De mon cœur
Soit mon Refuge
Et ma joie
La fontaine où je bois
Oh ! Il est mon chant

Que le Roi
De mon cœur
Soit mon Repos
Mon abri
La rançon pour ma Vie
Oh ! Il est mon chant

Car tu es bon
Si bon oh
Tu es bon
Si bon oh

Que le Roi
De mon cœur
Soit le vent
Poussant mes voiles
Et l'ancre de mon âme
Oh ! Il est mon chant

Que le Roi
De mon cœur
Soit la flamme
Qui brûle en moi
Ma force à chaque pas
Oh ! Il est mon chant

Tu ne me laisseras jamais, ne me laisseras jamais tomber

V

J'avais *envie*
De te parler
C'est tellement bon
Quand on est aimé
Je sais que tu es la
Pour m'écouter
Tu es mon
Tout en tout

C'est un moment
Si précieux
J'ai besoin de
Te connaître
Histoire de ne pas
Rester trop loin
Tu es mon
Tout en tout

Tu es mon rêve
Accompli
Tu es tout ce que
Tu as promis
Tu es au-delà
De mes espoirs
Tu es mon tout en
Tout jusqu'à l'infini

Tu es ce que mon
Cœur a toujours voulu
Je verse des larmes
Tout ému
Tu es le père que
Je n'ai jamais eu
Tu es mon tout en
Tout jusqu'à l'infini

VI

Quand les puissants guerriers
Du clan de Juda
Affrontaient l'Ennemi
Dieu leur avait dit
De ne point s'effrayer
Car la Victoire est à lui
Il leur dit de chanter
Au milieu du combat
Car le Seigneur a dit
La bataille est à Moi

Chante un chant à Dieu
Fais un bruit joyeux
Loue le Seigneur
Élève ta voix vers lui
Proclame la Victoire
Dans le temps de guerre
Mets ta foi en Dieu
La bataille est à lui

Quand le diable vient
Roder près de toi
Pour remplir ton cœur
De crainte
Confie-toi en Jésus

Il est avec toi
Jamais il ne te laissera
Tu peux chanter un
Chant Au milieu du Combat
Car le Seigneur a dit
Je combattrai pour toi
Chante ! Chante ! Chante !

Car le Seigneur est bon, Sa miséricorde dure à jamais

VII

Au milieu de la détresse
Je choisirai l'allégresse
Car dans le doute et la faiblesse
Tu es ma forteresse

Il n'est pas trop tard
Je choisis de croire
En tout temps, je te louerai

Face aux ennemis aux géants
Je choisis d'être plus grand
Car dans le trouble et le néant
Je regarde au dieu vivant

Il n'est pas trop tard
Je choisis de voir
Que toi seul es tout puissant

Je choisis le côté joie
Je choisis le côté foi
Mon appui se trouve en toi
Tout peut venir contre moi
Je choisis de danser pour toi
Je choisis de louer mon roi

Oh ! Alléluia ! Oh alléluia ! Oh alléluia !

À toi

Je choisis le côté joie

VIII

Avec allégresse
Nous louons notre sauveur
Qui a vaincu la mort et l'enfer
Les mains levées vers lui
Le cœur rempli de vie
Nous proclamons
Que Jésus est seigneur

Célébrons sa bonté
Louons sa sainteté
Proclamons sa grandeur
Il est seigneur
Exaltons sa puissance
Honorons sa présence
Proclamons sa grandeur
Il est seigneur

Chante ! Oh chante ! Oh ! Chante ! Oh chante

Sa grâce manifestée
Sa puissance déployée
Son amour relevé en Jésus
Je crie alléluia
Honneur au fils de dieu
Qui est exalté en haut

Dans les cieux
Donneur de vie
Dieu le très haut
Nous sommes ton peuple
Appelé par ton nom
Envoie ton feu
Embrasse la terre
Que ta gloire éclate
Au milieu de nous

Danse ! Oh danse ! Oh danse ! Oh danse

IX

Mon jésus
Mon sauveur
Nul n'est comparable
À toi
Et chaque jour
Je veux louer
Les merveilles
De ton grand amour

Mon appui
Mon abri
Toi mon refuge
Et ma force
Tout ce que j'ai
Ce que je suis
T'adore
Éternellement

Crie au seigneur
Créateur terre entière
Puissance et majesté
Louange au roi
Tout l'univers
Se prosterne
Aujourd'hui

Au son de
Ton saint nom
Je chante de joie devant
L'œuvre de tes mains
À jamais je t'aimerai
Je me tiendrai
Rien n'est comparable
Aux promesses que
J'ai en toi

X

Tu ne m'abandonneras pas
Tu me l'as promis
Et dans mes combats
Tu es mon ami
Quand le doute et la peur
Veulent voler ma foi
Seigneur, je cours vers toi
Oh oui je cours vers toi
Car je sais que
Tu ne m'abandonneras pas

J'abandonne tous les soucis
De ce monde
Pour t'aimer encore seigneur
Oui je laisse tous les soucis
De ce monde
Pour t'aimer encore

Tu tiens tant à moi
Tu l'as déclaré
Que pour moi ta vie tu as donnée
Quand mon cœur amoureux
S'abandonne à toi
Je ne le retiens pas
Oui je cours vers toi
Amoureux de toi
Je m'abandonne à toi
Je m'abandonne à toi
Je m'abandonne à toi

XI

Tu es là
Présent parmi nous
Nous t’adorons, nous t’adorons

Tu fais un chemin
Opères des miracles
Tu tiens tes promesses
Lumière dans les ténèbres
Mon dieu
Voici qui tu es

Tu es là
Tu bouleverses nos vies
Nous t’adorons, nous t’adorons

Tu es là
Tu sauves et tu guéris
Nous t’adorons, nous t’adorons

Même si je ne le vois pas
Tu agis
Même si je ne comprends pas
Tu agis
Tu ne t’arrêtes pas
Tu n’arrêtes pas
Tu n’arrêtes pas d’agir

XII

Ton amour
Hors norme pour moi
Ta bonté
Gentillesse envers moi
Ta douce grâce
Mon roi jour après jour
Toujours fidèle
Envers moi
Tu pourvois
Toujours pour moi
Grande est ta bonté
Mon roi
Grande est ta grâce

Merci pour ton amour

XIII

Papa
Je viens te voir
Je viens pour louer ton nom
Merveilleux

Papa
Je viens pour honorer
Ta présence, ton profond amour
Mes meilleurs cadeaux

Papa
Je veux te montrer
Ce qu'il y a de nouveau à l'intérieur
De mon cœur

Papa
Je veux te donner
Ce qui était caché qui se révèle
Peu à peu

Pose ton esprit
Tendrement sur moi
Prends mon cœur
Envoie le vers toi
Je te prie

XIV

Seigneur tu es mon dieu
Mon âme à soif de toi
Je m'élève vers toi
Je veux toucher ta gloire

Je veux traverser le ciel
Plus haut que toute étoile
M'étirer dans l'univers
Je veux toucher ta gloire

J'ai tellement voulu ce moment
Un instant dans ta présence
Au milieu de cet océan
Touché par ta gloire

XV

Je n'ai plus de mots
Rien d'inattendu
Pour te déclarer
Toute ma gratitude
Je pourrais chanter
T'adorer Jésus
Mais ce chant prend fin
Toi tu continues

De mon cœur
Je t'adore
Pour t'aimer
Encore et encore
Tout ce qui me reste
C'est un alléluia
Je veux donner plus
Mais rien ne se mesure à toi
Je ne peux que chanter
Alléluia

En levant mes bras
Je prends position
Je louerai mon roi
C'est ma décision

Allez mon âme ne sois
Pas timide maintenant
Chante une chanson, car il y a
Un lion dans tes poumons
Lève-toi loue Le Roi

Chères lectrices, chers lecteurs, j'ai pensé qu'à votre tour vous aurez envie de louer l'Éternel en apprenant ces paroles vivantes que j'ai découvertes à l'église Charisma situé à : Le Blanc-Mesnil. C'est pour cela que j'ai créé un site totalement gratuit : https://chantadoration.wixsite.com/home où vous pouvez écouter et apprendre facilement ces louanges.

Malgré ses problèmes d'audition et les difficultés liées à notre condition de vie au début de notre arrivée en France, Auguste a réussi brillamment ses études. En 2009, il a obtenu avec mention son baccalauréat. Il est entré dans une école de prépa pour étudier les maths et la physique. CROUS nous a adressé un courrier en précisant que si Auguste peut justifier qu'il ne reçoit pas de pension alimentaire venant de son père, il pourra bénéficier d'une bourse. Alors j'ai appelé Michel pour lui demander de faire un courrier et de préciser qu'il ne nous donne pas de pension alimentaire. Mais il a refusé. Lyne ne comprenait pas les raisons de ce refus, alors elle l'a appelé. Après s'être présentée rapidement, je l'entendis dire à Michel :

— Est-ce que vous donnez une pension alimentaire à votre fils ou à sa mère ?

— Non, répondit-il

— Alors pourquoi vous ne voulez pas écrire ce courrier. Est-ce que ce ne serait pas une joie pour vous que votre enfant devienne Ingénieur ? Sa maman ne pourra pas payer les frais d'étude ; sans ce courrier, votre fils ne pourra pas poursuivre ses études dans cette école. On ne vous demande pas de mentir. Alors faites un effort et envoyer ce courrier rapidement.

Trois semaines après leur conversation téléphonique, nous avons reçu le courrier. Auguste est ainsi devenu boursier. Mais pour Régis quand Lyne l'avait appelé pour connaitre les raisons pour lesquelles il ne veut pas écrire cette phrase, qui aurait permis à l'enfant d'être ici aujourd'hui, il n'a pas voulu s'expliquer et sa réponse a été un refus catégorique. Quel est ce père qui ne voudra pas le meilleur pour son fils ?

Le directeur a adressé un courrier à la préfecture et avec l'aide d'une association il a pu obtenir régulièrement des récépissés et après un titre de séjour « Vie privée et familiale. » Après une année à l'école prépa il m'a dit :

— Maman, c'est très difficile les maths, je vais m'inscrire à l'Université et étudier la biologie.

Il a alors repris la première année à l'université de Versailles. De temps en temps, il sortait avec ses copains le week-end. Monsieur Briand, le fils de Mme Briand l'a aidé et il a travaillé deux mois pendant les vacances scolaires à la SNCF. Je vois que mon fils intègre bien la société française. Un jour, je lui dis :

— C'est bien que tu sois rentré à la SNCF, fais tout ton possible pour travailler là à la fin de tes études.

— Non, maman, j'aimerais partir aux États-Unis ou au Canada pour continuer mes études.

— Ça ne te servira à rien de faire de longues études et d'avoir de grands diplômes, mais fais ce que tu veux.

Après cinq années d'études, trois mois avant la fin de l'année universitaire, Auguste ne va plus au cours. Je ne le vois plus descendre de sa chambre, il ne sort plus avec ses copains. Cela m'a surpris et je lui demande :

— Comment se fait-il que tu n'ailles plus au cours alors que l'année n'est pas terminée ?

— Je ne veux plus étudier.

— Ah bon, il faut travailler alors.

— Je n'ai pas envie.

Puisse qu'il n'avait pas terminé l'année universitaire alors qu'il était boursier, Crous lui a demandé de rembourser une partie de la bourse qui lui avait été versée en début d'année. Quand nous avons reçu le courrier de Crous, j'étais effondré. Je suis allée voir mon assistance sociale, Mme Petit Jean, pour lui expliquer la situation et lui demander d'intervenir auprès de Crous. Mais malheureusement elle ne pouvait rien faire. Sur son compte bancaire, il y avait les deux mois de salaire qu'il avait perçu lorsqu'il avait travaillé à la SNCF. Il a alors fini par payer la somme que Crous lui avait réclamée (plus de 1 200 euros).

Je ne reconnais plus mon enfant qui avait plein de projets. Il tenait même des propos qui me faisaient penser qu'il était victime d'un envoutement. Pour l'aider, je me suis concentrée sur le jeûne et la prière. Il n'a pas pu renouveler son titre de séjour qui expirait en 2015.

Les jours ont passé, les mois ont passé, les années aussi et il n'y a pas eu de changement. Il ne sort quasiment jamais. Les rares sorties qu'il fait, c'est pour aller au resto du cœur ou pour récupérer le colis alimentaire que la mairie m'accorde toutes les deux semaines.

En 2018, quand j'ai eu ma nationalité française, je suis allé voir M. Richter pour savoir si par moi Auguste pourrait avoir un titre de séjour. Il m'a répondu :

— Non, votre fils ne porte pas votre nom. Votre fils est malade. Il faut qu'il consulte un médecin psychiatre. Si ce dernier juge nécessaire, il délivrera un certificat médical qui permettra de lui obtenir un récépissé avec lequel il ne pourra pas travailler au début.

Alors j'ai demandé à Auguste de prendre rendez-vous au CMP de Saint-Cyr où je suis suivie. Mais il n'a pas voulu. Il me dit que ce n'est pas un problème psychique. Pour le forcer à voir un psychiatre, j'ai essayé de lui prendre le rendez-vous moi-même. Mais la Secrétaire m'a dit :

— Votre fils est majeur, c'est à lui-même de prendre rendez-vous.

Alors j'ai laissé tomber.

En 2020, quand j'ai eu mon travail à Leclerc, j'ai eu l'idée de lui mettre un peu d'argent de côté. Au cas où je quitterais ce monde, qu'il ait de quoi s'acheter une baguette de pain. J'ai pris rendez-vous avec ma conseillère de banque et je l'ai obligé à venir avec moi. Après avoir mis en place une petite assurance vie, ma conseillère lui dit :

— Pourquoi vous ne faites pas ce que M. Richter vous demande ? Cela ne vous coûte rien. Dans votre situation, la police peut venir vous chercher chez vous, vous mettre dans l'avion et vous allez vous retrouver dans votre pays contre votre gré.

Il a alors décidé de voir un psychiatre et aussitôt il a pris rendez-vous au CMP de Saint-Cyr. C'est Dr Servaye qui l'a enfin consulté et a pris son état très au sérieux. Elle lui a attribué une assistance sociale qui a très vite constitué un dossier pour faire une demande de titre de séjour. Il a pu avoir un rendez-vous à la préfecture le 22 septembre 2022. Le dossier était irrecevable parce qu'il manquait des preuves de l'existence sur le territoire français depuis 2015 où il n'a pas renouvelé son titre de séjour. Il n'y avait pas de mouvement sur son compte bancaire. Pour éviter que la banque clôture son compte, j'étais obligé de faire un virement de 50 euros quand je peux sur son compte. Et ça, ce n'est pas une preuve d'existence sur le territoire. Lors du deuxième rendez-vous, il a pu apporter quelques preuves. Mais pour la préfecture, c'était insuffisant. Pour le troisième rendez-vous, j'ai décidé d'aller avec lui. Il ne voulait pas, mais j'ai insisté. Quand l'hôtesse a regardé tout le dossier, elle lui dit :

— C'est votre troisième rendez-vous, je suis obligée de prendre le dossier même si je sais que ce n'est pas gagné.

Alors j'ai dit gentiment à la dame :

— S'il vous plaît, est-ce que vous me permettez de dire quelques mots ?

— Oui, Madame, je vous écoute, répondit-elle.

J'ai commencé par son parcours universitaire, ses ambitions, puis le décrochage de ses études et tout ce qui a suivi. Elle m'écoutait avec attention. Puis je rajoute :

— Pour subvenir à nos besoins, je cumulais deux boulots. Je suis hôtesse de caisse en semaine et le dimanche je m'occupe des personnes âgées. Depuis le début de cette année 2022, je suis en arrêt maladie pour soigner mon cancer. J'ai été opérée à trois reprises. Les médecins m'ont recommandé de ne pas travailler pour l'instant. Vu les charges que j'ai, le médecin du travail m'a autorisé à reprendre le travail en temps partiel thérapeutique. Mais il m'a interdit de reprendre le travail du dimanche. Je suis fatiguée. Ce garçon n'est pas retourné au Bénin depuis 2004 où il a mis ses pieds sur le sol français. Je vous donne ma parole d'honneur. Je viens ce matin faire une demande à titre gracieux : permettez à ce garçon de travailler pour se prendre en charge.

Quand j'ai fini, elle nous a dit :

— Allez vous asseoir en salle d'attente, je reviens.

Elle est partie avec le dossier. Au bout de deux heures, on appelle Auguste pour lui remettre un récépissé de six mois, l'autorisant à travailler. J'étais très contente. Avant ses rendez-vous, j'avais dit à Auguste de faire un CV et une lettre de motivation pour déposer à Leclerc où je travaille, parce que j'avais parlé de lui à ma responsable de caisse qui était prête à lui trouver du travail dans le magasin. Mais je vois qu'Auguste n'est pas motivé pour travailler. Le compagnon de ma voisine, qui l'avait croisé deux ou trois fois et qui était au courant de la situation, m'avait dit :

— Votre enfant est très poli, dès qu'il aura son récépissé, qu'il vienne me voir, je vais le présenter à mon chef, il va le prendre de suite parce que nous sommes en sous-effectif.

Il travaille à ENGIE. J'ai dit à Auguste :

— Si tu ne veux pas travailler dans la grande distribution, fais une lettre de motivation pour qu'on aille voir la voisine. Mais il ne fit rien.

Je ne trouve pas d'explication à son attitude. Face à cette incompréhension, j'ai demandé à voir le médecin psychiatre. Cette dernière me confirme :

— C'est normal que votre fils ne soit pas motivé pour travailler. Il souffre d'une grosse dépression.

La dépression, je n'ai pas entendu parler de cela quand j'étais au Bénin. Qu'est-ce qui est à la base de cette dépression : au moment où nous étions confrontés à des difficultés de logement, au début de notre arrivée en France, il avait de très bonnes notes et n'était pas déprimé ; c'est après avoir eu un grand appartement où il a sa propre chambre qu'il fait une dépression. Je ne peux accepter le diagnostic du psychiatre. Pour moi, c'est Michel qui détruit la vie d'Auguste pour me faire du mal.

Pour éloigner ce mauvais sort, j'ai demandé à mon fils de réciter le Psaume 35 matin midi et soir et d'aller à l'église tous les dimanches. Mais il m'avait dit qu'il ne croit plus à l'existence de Dieu.

Pour tout vous dire, cet enfant était très croyant. Quand on était au Bénin, il allait tous les dimanches à l'église « Sacré-Cœur » de Cotonou.

Moi, j'ai reçu une éducation dans l'église protestante méthodiste, et Michel, son papa, est catholique. Mais nous n'avons pas imposé une religion à nos enfants. Ils ont fait le choix d'aller à l'Église catholique. Pour moi ce n'est pas l'appartenance à une religion qui te fait rentrer dans le royaume de Dieu, mais ta foi en l'Éternel. À l'âge de 8 ou 9 ans, de sa propre initiative, il a fait les démarches pour devenir enfant de chœur. Il se levait très tôt pour aller servir le prêtre lors des cultes de 6 h 30. Je me demandais comment il fait pour se réveiller tôt alors qu'on n'avait même pas de réveil à l'époque. Cela me réjouissait de voir mon fils évoluer sur le chemin de la vérité. Quand on est entré en France, je lui ai demandé d'aller à l'église et de servir le prêtre comme il le faisait au Bénin. Mais depuis il n'a pas encore mis pied dans une église. Est-ce les difficultés qu'on avait rencontrées au début de notre arrivée qui ne lui ont pas permis de poursuivre son œuvre ?

Pour obtenir son titre de séjour d'un an, la préfecture lui a demandé un timbre fiscal de 375 euros. Étant dans l'incapacité de lui trouver cette somme, j'ai envoyé un mail à Mme Migani, son assistance sociale pour solliciter son aide. Pour nous aider, le secours catholique lui a remis un chèque de 100 euros et la mairie lui a donné 75 euros.

Comme il est dans l'incapacité de travailler, Mme Migani a manifesté l'envie de lui faire une demande d'AAH (Allocation Adulte Handicapé). Auguste m'a confirmé que la demande a été faite et qu'il faut attendre la réponse. Après 3 mois n'ayant reçu aucune réponse, je dis à mon fils : « Depuis 2016, grâce à mon assistance sociale j'ai obtenu la RQTH (Reconnaissance de la Qualité de Travailleur Handicapé), pendant une année j'ai perçu l'AAH. Quand la MDPH (Maison Départementale des Personnes Handicapées) reçoit ton dossier, elle t'envoie une accusée de réception qui te notifie que ton dossier est recevable et qu'elle va commencer à l'étudier, mais depuis on n'a pas reçu d'accusé de réception. Pour moi ça veut dire que la MDPH n'est pas encore en possession de ton dossier ». Il m'a répondu de patienter que le courrier viendra et que cela prend du temps.

Le 30 octobre 2023, j'ai fini par envoyer un mail à son assistance sociale :

« Bonjour Mme Migani,

J'aimerais vous informer que depuis que vous avez fait la demande de l'AAH pour Auguste, nous n'avons pas reçu une réponse de la part de la MDPH. J'ai essayé de le persuader pour travailler, mais il n'est toujours pas motivé.

Je viens vous dire que je suis fatiguée de l'assumer, car ma situation financière se dégrade de jour en jour. Chaque jour qui passe est une torture pour moi. J'aimerais savoir, si c'est possible de demander auprès du Conseil Général, des bons alimentaires. Cela me soulagerait.

Merci de votre compréhension. »

Voilà ce que Mme Migani m'a répondu :

« Chère Mme Dide,

Je suis désolée, mais il n'y a aucune demande d'AAH en cours pour votre fils à l'heure actuelle. Malgré mes relances, votre fils ne s'est pas présenté à nos divers rendez-vous sur le CMP. »

Alors, j'ai écrit ceci à Mme Migani :

« Je ne comprends pas pourquoi il ne s'est pas présenté à vos rendez-vous pour faire la demande de l'AAH. Je vais le voir et il reprendra contact avec vous ».

Quand je lui ai demandé les raisons pour lesquelles il n'a pas honoré ses rendez-vous, il n'a pas pu se justifier. Alors je lui ai demandé de le faire assez rapidement.

Trois jours après, il m'a annoncé qu'il a obtenu un rendez-vous.

Pour m'assurer qu'il a bien pris rendez-vous, j'ai envoyé ce mail à Mme Migani et j'ai profité pour lui demander un service :

« Bonjour, Mme Migani,

Auguste m'a dit qu'il a rendez-vous dans 3 semaines et je vous remercie.

Il y a quelques jours j'ai suivi une émission à la télé et on parlait du manque de sapeurs-pompiers volontaires dans notre pays. J'ai aussitôt pensé que cela pouvait intéresser Auguste. Alors je lui en ai parlé et il n'a pas hésité à accepter ma proposition. J'imagine que pour devenir sapeur-pompier volontaire il faut être français. Peut-être que je me trompe. Si c'est le cas, pourriez-vous lui trouver une autorisation de la préfecture afin qu'il puisse faire une formation dans ce domaine ? J'aimerais noter qu'il doit renouveler son titre de séjour début février 2024 et je souhaite l'emmener au Bénin quand il aura son nouveau titre de séjour. Ça fait 20 ans qu'il n'a pas vu ses 2 frères qui sont encore là-bas. Encore faudra-t-il que j'aie les moyens, car pour l'instant je n'ai pas un centime d'économie.

Espérant qu'une suite favorable sera accordée à ma demande, je vous prie d'accepter mes remerciements anticipés. »

La demande de l'AAH a été faite, nous avons reçu l'accusé de réception et son dossier est à l'étude. Finalement, après avoir discuté avec son assistance sociale, il a refusé de suivre la formation pour devenir sapeur-pompier volontaire.

Je sais une chose : tout ce que les sorciers et les hommes méchants font dans ma vie et celle de mes enfants sera détruit un jour. L'heure n'a pas sonné à l'Éternel de mettre fin à ma souffrance. J'attends patiemment qu'il m'appelle dans son royaume.

Mes frères et moi avons vu la gloire de l'Éternel se manifester dans notre vie ; alors ensemble nous avons décidé de démolir la maison que papa nous a donnée en héritage pour construire une église. Mon petit frère Jérémie qui est l'instigateur et le responsable de ce projet a tout de même décidé de remettre la part qui serait revenue à notre sœur à ses ayants droit quand il aura les moyens. Il va nommer cette église : *Jifa Ministry,* qui veut dire *Église de la Paix*.

Afin que ce projet voie le jour, j'aimerais inviter celles ou ceux qui veulent semer dans la maison de l'Éternel, car la moisson sera abondante, de me contacter au : dideadelaide@hotmail.fr ou de prendre contact avec mon frère Jérémie à l'adresse mail suivante : jeremiedide@yahoo.com.

Après la délivrance de son récépissé, Auguste a eu un titre de séjour provisoire d'un an lui autorisant de travailler, mais il n'est toujours pas motivé à travailler. Vous n'imaginez pas la douleur que j'ai quand je rentre du travail et que je trouve mon fils, âgé de 33 ans, avec un BAC plus 5, coincé entre les 4 murs de sa chambre sans aucun revenu. Quel gâchis. Il ne se rend même pas compte de ce qui est bien pour lui. Malgré l'obtention de la CSS (Complémentaire Santé Solidaire), demande faite par son assistance sociale, il n'est pas motivé à prendre un rendez-vous chez l'ophtalmologue pour changer ses lunettes qu'il a depuis 2011. Il n'est pas motivé non plus à faire une demande de solidarité transport qui lui aurait permis de bénéficier de 75 % de remise sur les transports en Île-de-France. En terme clair, il est motivé à « ne rien faire ». Dans mon état actuel ou ma santé se dégrade de jour en jour, n'est-ce pas Auguste qui devrait me venir en aide… s'il travaillait ? Mais quand je sors pour aller travailler, mon fils dors ; quand je rentre du travail, mon fils ronfle. Je n'ai jamais vu ou entendu un être vivant dormir autant. Même les animaux qui ont juste besoin de remplir leur ventre, je pense, ne dorment pas autant.

Comment un père peut détruire la vie de son propre fils pour faire du mal à sa mère. Ne m'a-t-il pas fait assez de mal en me laissant sur le bras 3 garçons sans 1 centime dans un pays où le social n'existe pas ? J'ai travaillé d'arrache-pied pour aider « ses » enfants à terminer leurs études. Mais chaque jour, je prie mon Seigneur de veiller sur lui et sur ma progéniture.

Au Centre Médico-Psychologique Adulte où il est suivi par le Dr Servaye, ils envisagent le faire entrer dans un hôpital spécialisé à Paris pour qu'il soit bien pris en charge. Mais j'ai toujours expliqué à mon fils que s'il veut demeurer et faire sa vie en France, il a intérêt à travailler. Ce n'est que par le travail que nous, les étrangers, arrivons à réussir notre intégration et obtenir par la suite la nationalité française.

Si l'Éternel veut, c'est Auguste qui va raconter la suite.

Je remercie l'Eternel d'avoir guidé mes pas dans ce pays, la France, ou j'ai pu avoir des aides qui m'ont permis d'assumer mon devoir de mère.

Merci la France.

J'aimerais tout d'abord remercier les autorités de la préfecture de Versailles d'avoir eu compassion pour moi et d'avoir accordé à Auguste un récépissé de six mois l'autorisant à travailler.

J'aimerais remercier M. Dujon et M. Richter responsables d'une association qui vient en aide aux sans-papiers, pour leur aide et leur soutien dans mes démarches auprès de la préfecture jusqu'à ma naturalisation.

Mes remerciements vont également à Mme Bienaimé mon assistante sociale et à Mme Conort, ancienne maire de la commune où je réside.

Mes pensées vont vers Mme et M. Rosenrib et Mme Lyne Barthélémy sans qui je ne serais pas en France aujourd'hui.

Lyne, si tu as l'occasion de lire ce livre, j'espère que tu comprendras ce qui s'est passé le 5 mai 2012 quand notre amitié a pris fin. J'aimerais dire à la France entière, au monde entier, que tu es une femme exceptionnelle, d'une grande générosité que l'Éternel a bien voulu mettre sur mon chemin.

J'aimerais enfin remercier tous ceux qui, dans l'ombre, que je n'ai pas eu le plaisir de connaître, mais qui ont œuvré d'une manière ou d'une autre à mon intégration dans la société française.

J'espère que mon appel à l'aide sera entendu et pris en compte, ainsi j'obtiendrai la guérison, sinon, les rois de la terre qui par erreur (l'erreur est humaine) ont fait croire au monde entier que je suis la plus mauvaise de cette terre verront la gloire et la splendeur de l'Éternel à travers moi, parce que j'ai DÉCIDÉ tout simplement de prendre ma croix et de suivre Jésus.

Imprimé en Allemagne
Achevé d’imprimer en mars 2024
Dépôt légal : mars 2024

Pour

Le Lys Bleu Éditions
40, rue du Louvre
75001 Paris